Ullstein Sachbuch

DAS BUCH:

Wenn Medien über Moskau berichten, bestimmt meist hohe Politik die Schlagzeilen: Abrüstungsvorschläge, personelle Veränderungen im Politbüro, neue Gesetze, Kreml-Astrologie. Seltener erfahren die Leser etwas über den Alltag der Hauptstädter, über ihre Sorgen und Nöte, über die kleinen Dinge, die ihr Leben bestimmen: Wie bekommt ein Moskauer eine Wohnung, wie telefoniert er, wie sieht es in einer Zahn-Poliklinik aus? Wieviel Rubel Stipendium erhält ein Student, wie läuft eine Gerichtsverhandlung ab, wie sieht eine Diskothek aus, welche Probleme haben junge Mütter? Dieses Buch will Antworten geben auf solche und andere Fragen. Zugleich ist es Reiseführer besonderer Art. Er beschreibt nicht den Kreml, das Lenin-Museum und die Gorki-Straße, präsentiert nicht langweilige historische Daten und Erfolgsstatistiken. Statt dessen zeigt er ein Moskau, das Touristen gewöhnlich nicht zu sehen bekommen.

DER AUTOR:

Andreas Lorenz, 1952 in Berlin geboren, arbeitete von Anfang 1982 bis Ende 1986 als Korrespondent des *SPIEGEL* in Moskau. Während dieser Zeit erlebte er vier Generalsekretäre – Leonid Breschnew, Jurij Andropow, Konstantin Tschernenko und schließlich Michail Gorbatschow. Während seines Aufenthalts in der Sowjetunion reiste der Autor durch nahezu alle Sowjet-Republiken.
Bevor Lorenz, der fließend Russisch spricht, zum *SPIEGEL* kam, arbeitete er beim *Berliner Abend.*

Für alle, die mir in Moskau immer wieder Mut gemacht haben.

Andreas Lorenz

Das andere Moskau

Mit 24 Abbildungen

Ullstein Sachbuch

Ullstein Sachbuch
Ullstein Buch Nr. 34451
im Verlag Ullstein GmbH,
Frankfurt/M – Berlin

Originalausgabe

Alle Abbildungen
von Foto Jürgens, Köln
Umschlagentwurf:
Hansbernd Lindemann
Unter Verwendung eines Fotos
von © Foto Jürgens, Köln

Printed in Germany 1987
Gesamtherstellung:
Ebner Ulm
ISBN 3 548 34451 8

November 1987

CIP-Kurztitelaufnahme
der Deutschen Bibliothek

Lorenz, Andreas:
Das andere Moskau / Andreas Lorenz. –
Orig.-Ausg. – Frankfurt/M; Berlin:
Ullstein, 1987.
(Ullstein-Buch; Nr. 34451:
Ullstein-Sachbuch)
ISBN 3-548-34451-8
NE: GT

Inhalt

Vorwort

»Wer Rußland begreifen will, der sollte hierherkommen und auf diese Stadt schauen, auf Moskau.«

Die Worte des russischen Dichters Anton Tschechow sind nach wie vor gültig. Und sie sind aktueller denn je: Unter Generalsekretär Michail Gorbatschow präsentiert sich die sowjetische Hauptstadt in einem neuen Licht – als Metropole eines Landes, das mit immer wieder neuen Abrüstungsvorschlägen Sympathien im Westen erobert, das Dissidenten frei- und sogar zu Wort kommen läßt, das den Bürgern mehr Rechtssicherheit verspricht, das Probleme nicht mehr verschleiert, sondern offen diskutiert.

Ohne Zweifel: Moskau macht nicht mehr nur Negativ-Schlagzeilen, sondern ist attraktiver geworden für Menschen, die sich ein eigenes Bild machen wollen.

Dieses Buch soll dabei eine Hilfe sein. Es soll Besuchern der Stadt Mut machen, sie auf eigene Faust zu erkunden. Wer nicht die Gelegenheit hat, selbst nach Moskau zu reisen, soll durch dieses Buch einen Eindruck bekommen, erfahren, was in der Hauptstadt der Sowjetunion vorgeht, wie ihre Bürger leben. Es will den Leser dorthin führen, wo keine Sehenswürdigkeiten und Denkmäler stehen. Ein Besuch in einem normalen Geschäft, in einer ordinären Bahnhofshalle kann über eine Stadt, ein Land, ein Volk mehr aussagen als Museen, offizielle Stadtrundfahrten, Statistiken oder politische Analysen.

Den Alltag zu erfahren, habe ich während meines fünfjährigen Aufenthalts als SPIEGEL-Korrespondent in Moskau versucht. Das Gehörte und Gesehene steht in diesem Buch. Ich habe versucht, möglichst viele einfache Menschen kennenzulernen – neben den sowjetischen Diplomaten, Politikern und Journalisten, die schon von Amts wegen eine bestimmte Sicht vermitteln müssen.

Der Weg in eine Kommunalwohnung oder Studenten-Fußballmannschaft war nicht immer leicht: Mißtrauen galt es zu überwinden. Denn viele Moskauer halten westliche Korrespondenten für glühende »Anti-Sowjetschiks« oder Spione. Und der Ausländer fragt sich, ob die neue Bekanntschaft vielleicht gar nicht so zufällig zustande kam, sondern sorgsam arrangiert wurde, um seine Pläne, Ansichten und Kontakte herauszufinden.

Einige Kapitel sind im SPIEGEL bereits veröffentlicht worden. Für dieses Buch wurden sie aktualisiert und ergänzt. Einzelne Namen habe ich geändert, auch einige Bezüge, die nur auf eine bestimmte Person hinführen: Schwierigkeiten, die der Kontakt mit westlichen Journalisten bringen kann, sollen vermieden werden. Sämtliche Fakten sind authentisch.

Korrespondenten in Moskau können es nur selten jedem recht machen. Wer die Verhältnisse zu positiv schildert, kommt im Westen leicht in den Verdacht, kritiklos sowjetische Propaganda zu übernehmen. Wer zu kritisch ist, hört schnell von den Sowjets, er sei voller Vorurteile, erkenne das unter schwierigen Bedingungen Geschaffene nicht an, wolle gar die Werktätigen verleumden.

Auch unter dem neuen Schlagwort »Glasnost« (Öffentlichkeit, Transparenz) von Parteichef Gorbatschow siegt aus der Furcht vor negativer Berichterstattung zuweilen noch immer das Prinzip, dem westlichen Journalisten Anträge für Recherchen oder Reisen nicht zu genehmigen.

Für das Kapitel über einen normalen Wohnbezirk hätte

ich zum Beispiel gern die Kinder-Poliklinik im Nachbarhaus unseres Ausländerblocks im Moskauer Proletarskij-Bezirk und die Mittelschule gegenüber besichtigt, mich mit Ärzten und Patienten, Lehrern und Schülern unterhalten. Doch nach monatelanger Bearbeitung gab die Presseabteilung des Außenministeriums rotes Licht: Es existierten repräsentativere Krankenhäuser und Schulen in Moskau, die ich gerne besuchen könnte.

Entscheidend für mich war bei der Berichterstattung: Wer die Verhältnisse im eigenen Land kritisiert, darf in einem anderen Land, auch wenn er dort nur Gast ist, nicht mit einer anderen Elle messen, muß auch dort stets Anspruch und Wirklichkeit vergleichen.

Es ist nicht meine Absicht, mit der Schilderung von Schattenseiten Moskaus jemanden zu kränken oder zu beleidigen. Doch nur wenn Berliner, Hamburger, Frankfurter und Münchner wissen, was die Moskauer bewegt, mit welchen Problemen sie zu kämpfen haben, können sie ihr Denken und Handeln richtig begreifen. Zum besseren Verständnis der Moskowiter soll dieses Buch beitragen.

Eine kratzbürstige alte Dame

Touristen lernen meist nur die Schokoladenseite Moskaus kennen

Touristen in Moskau sind von morgens bis abends in den festen Händen der offiziellen Touristen-Organisation »Intourist«. Die freundlich-energischen Irinas, Tanjas und Nataschas zeigen ihnen die Schokoladenseite der Sowjet-Metropole: den Roten Platz mit Basilius-Kathedrale und dem Lenin-Mausoleum, vor dem stündlich in verhaltenem Stechschritt der Posten Nr. 1 der Kreml-Garnison mit dem Glockenschlag der Uhr im Spasskij-Turm wechselt.

Dann kommt der Kreml dran – mit Kirchen und Ikonen, der sympathischen Kanone, die nie einen Schuß abfeuerte, sowie der Glocke, die nie läutete.

Nächstes Ziel ist das Nowodjewitschi-Kloster, in dem Zar Peter der Große aufständische Strelitzen einen Kopf kürzer machte oder ihm politisch im Wege stehende Damen verbannte.

Zum Schluß geht es auf die Lenin-Hügel, auf denen die Lomonossow-Universität steht – Sinnbild für die Macht des Wissens in der UdSSR. Bei gutem Wetter haben die Touristen einen schönen Blick auf die Stadt, im Hintergrund blinken die Kreml-Türme in der Sonne.

Während der Führung hören die Fremden eine Fülle von Fakten: Moskau – eine blühende Neun-Millionen-Stadt, eine Perle kommunistischer Kommunalverwaltung, die sorgenfreies Leben ermöglicht, befreit vom Joch der zaristischen Unterdrückung.

Je nach Aufenthaltsdauer sind weitere Sehenswürdigkeiten im Devisen-Angebot: das Lenin-Museum oder die ständige Ausstellung der Errungenschaften der sowjetischen Volkswirtschaft gegenüber dem Hotel »Kosmos«, Neubauviertel und Kulturpaläste.

Ein Blick in das Zentrum der Supermacht gelingt nicht: Das Innere des Kreml, wo hinter Vorzimmern mit zahlreichen roten, grünen und gelben Telefonen und hohen braunen Doppeltüren die Genossen regieren und empfangen, ist für Besucher gesperrt. Selbst in den langen sitzungsfreien Perioden ist der Saal des Obersten Sowjet nicht zugänglich.

Auch die Zimmer, in denen Lenin mit seiner Frau Nadjeschda Krupskaja von März 1918 bis Mai 1923 wohnte, dürfen nur besondere ausländische Gäste betreten. Die Wartezeit für sowjetische Besuchergruppen beträgt bis zu drei Jahren.

Nur wenige Ausländer wagen es in der knappen freien Zeit, auf eigene Faust die Stadt zu erkunden, obwohl es möglich wäre. Schrift und Sprache sind allzu fremd, Bekannte selten.

Hunderttausende Ausländer schleusen die Intourist-Begleiter jährlich durch die Metropole – das wahre Moskau kennenzulernen, haben Fremde kaum eine Chance.

Rolls-Royce und krumme Gassen

Das andere Moskau abseits der Intourist-Route fängt hinter dem Bolschoi-Theater an, liegt jenseits der Moskwa, hinter dem dampfenden Kraftwerk mit der Leuchtschrift »Kommunismus – das ist Sowjet-Macht plus Elektrifizierung des ganzen Landes«. Es sind Straßenzüge, in denen die Genossen Politbüromitglieder und Minister wohnen, einkaufen lassen und ihre Kinder in den »Elite«-Kindergarten schicken.

Das andere Moskau ist die Welt des Komitees für Staatssicherheit hinter dem Dserschinskij-Platz. Dort befindet sich nicht nur die berüchtigte gelbe, vor kurzem renovierte Lubjanka, von den Intourist-Reiseleitern ignoriert, auf Nachfrage unwirsch als Verwaltungsgebäude bezeichnet, sondern auch neben dem Lebensmittelgeschäft »Gastronom« in der Dserschinskij-Straße der Kulturpalast des KGB, wo sich die Agenten abends nach dem Klassenkampf zum Walzer drehen und ihre Kinder Neujahr feiern. Die Eintrittskarten der Kleinen kontrolliert ein Unteroffizier der KGB-Grenztruppen. Das Geschenk, zum Beispiel einen mit Bonbons gefüllten roten Plastik-Wecker, empfangen sie an einem Seiteneingang.

Zum unbekannten Moskau zählt jener geheimnisvolle schwarze Rolls-Royce, durch die Nummer 8322 MMD als Dienstwagen erkennbar, der mit einem Hochzeitspaar auf die Lenin-Hügel fährt, wo es nach Moskauer Tradition eine Flasche »Schampanskoje« auf das Eheglück trinkt.

Neben diesem, dem Rolls-Royce des englischen Botschafters und dem Lenins im Lenin-Museum fahren noch mindestens zwei Luxus-Gefährte der englischen Nobelmarke auf den proletarischen Straßen der Sowjethauptstadt: 8056 MMA und 1014 MME.

Das andere Moskau sind auch die wenigen verbliebenen Holzhäuser mit verschnörkelten Schnitzereien an den Fenstern, von den Propagandisten des modernen Rußlands als Überbleibsel einer alten Welt angesehen. Es sind krumme Gassen und schräge, vom Wetter und der Zeit stark mitgenommene, ehemals prachtvolle Bürger-Paläste, Kirchen und Kaufmannszeilen im Bezirk »Jenseits der Moskwa« an der Pjatnizkaja-Straße oder Bolschaja-Ordynka-Straße.

Dazu gehören die bizarren Jugendstilvillen im Arbat-Viertel, in denen heute meist westliche Botschafter residieren, wie das von dem berühmten russischen Architekten Fjodor Schechtel erbaute Haus in der Kropotkin-Gasse 13, das derzeit Residenz des australischen Botschafters ist. In der italienischen Vertretung, Wesnin-Straße 5, wurde 1918 der deutsche Botschafter Wilhelm Graf von Mirbach von linken Sozialrevolutionären erschossen. Oder das Viertel um die »Reinen Teiche« an der Kirow-Straße, in dem noch das Fluidum des zaristischen Moskau zu spüren ist.

Zu jenem Moskau gehören Bahnhöfe und Gefängnisse, Schulen und Krankenhäuser, Friedhöfe und Wohnungen – die über das Wesen der Metropole mehr sagen als Klöster und Kreml-Türme.

Der Stadtteil um die ehemaligen »Patriarchen-Teiche« und heutigen »Pionier-Teiche« ist jenes Moskau, das der Teufel in dem Roman *Der Meister und Margarita* des berühmten und bis vor kurzem verfemten Schriftstellers Michail Bulgakow während der Stalin-Zeit heimsucht, in dem Anton Tschechow wohnte (Sadowaja-Kudrinskaja-Straße 6) und in dem ein Hauch von Freigeist wehte, als sich dort die revolutionären Künstler zu Lesungen und Diskussionen über Kunst im Kommunismus versammelten, bevor Stalin dem Treiben ein Ende bereitete. Hier sehen alte Moskauer das eigentliche Stadtzentrum. Hier ist heute ein Teil der Moskauer Elite zu Hause. Hier werden, in der Spiridonjewskij-Gasse 9, wichtige Gäste untergebracht.

In der Alexej-Tolstoi- und der benachbarten Schtschussewa-Straße stehen sauber geziegelte Hochhäuser mit holzgetäfelten Balkonen, die sich von der Masse der in Fertigbauweise schnell montierten Wohnhäuser abheben. Deren Betonwände bröckeln zuweilen schon, bevor Kräne sie zusammensetzen. Die Fertighäuser, so die Erfahrung der Moskauer, sind nach zehn Jahren reif für den »kapitalnij remont«, die Generalüberholung.

So fügt es sich, daß meist Wissenschaftler, Sportler, Künstler und Politiker in neuen komfortablen Ziegelhäusern wohnen. Schon die Eingangshallen sind gut eingerichtet und sauber. Eine Deschurnaja, die gute Seele des Hauses, fragt Gäste höflich, zu wem sie wollen.

Im Haus Alexej-Tolstoi-Straße 19, in dem sich auch eine Wäscherei befindet, leben Minister und hohe ZK-Funktionäre. Morgens und abends werden sie in schwarzen Wolgas und Tschaikas zur Arbeit gefahren. Auf der Rückseite, an der Schussewa-Straße, steht eine kleine Polizei-»Budka« für die Wache. Im Wahllokal gegenüber wählten Parteichef Michail Gorbatschow und seine Frau Raissa im Sommer 1987 ihren lokalen Abgeordneten.

Der 1985 verstorbene Generalsekretär Konstantin Tschernenko und die drei Jahre früher verschiedene Graue Eminenz der Partei, Michail Suslow, lebten in der Nähe: im Haus Malaja-Bronnaja-Straße 19. Gleich dahinter liegt ein Kindergarten, in dem der Nachwuchs der Nomenklatura spielt – auch dieses Haus ein Ziegelbau, im Gegensatz zu den 3038 anderen Kindergärten der Stadt.

Parteichef Gorbatschow, so berichten Vertraute, hat jüngst einen dreistöckigen gelben Neubau in der Kossygin-Straße 10 auf den Lenin-Hügeln bezogen. Das umzäunte Haus bewachen ein Uniformierter und ein Zivilist. Eine eigens installierte Ampel stoppt den Verkehr, wenn die Gorbatschow-Fahrzeug-Kolonne – eine Wolga-Limousine und drei Sil-Staatskarossen mit roter und blauer Signallampe auf dem Dach – das Terrain verläßt.

Ein altes Wohnhaus führender Genossen steht schräg gegenüber dem Kreml am anderen Moskwa-Ufer – ein grauer häßlicher Kasten, in dem das »Estraden-Theater«

untergebracht ist. Für viele Moskauer ist dieses Gebäude ein Symbol des Stalinismus.

Der Roman des 1981 verstorbenen Schriftstellers Jurij Trifonow über die Speichellecker der Stalinzeit, *Das Haus an der Moskwa*, spielt zum großen Teil in diesem Wohntrakt, in dessen Hinterhof ein kleines Kirchlein steht.

An den Wänden des grauen Hauses hängen Gedenktafeln früherer Bewohner: der bulgarische Komintern-Generalsekretär Georgij Dimitroff und Marschall Michail Tuchatschewskij, mittlerweile rehabilitiertes Opfer der Stalin-Säuberung.

Keine Tafel bekam der deutsche Maler aus Worpswede, Heinrich Vogeler, der hier von 1931 bis 1941 in der Wohnung 480 lebte, nachdem er aus revolutionärer Begeisterung in den ersten kommunistischen Staat übergesiedelt war. Mit seinen Genossen kam er allerdings nie gut zurecht, da er den sozialistischen Realismus nicht auf die Leinwand bringen mochte.

Als die Nazis 1941 die Sowjetunion überfielen, wurde Vogeler – mit vielen anderen Deutschen – als vermeintlicher Kollaborateur nach Kasachstan deportiert. Dort starb er am 14. 6. 1942 in der Siedlung Kornejebi an Hunger, wie einige seiner Freunde sagen, an Krankheit, wie sein Sohn Jan Vogeler erklärt.

Jan Vogeler, 64, Philosophie-Professor an der Lomonossow-Universität, spricht immer noch akzentfreies Deutsch. Er lebt heute mit seiner Frau, einer früheren Angestellten des Warenhauses GUM, in der Nähe des Leningradskij-Prospekts.

Der freundliche, rundliche, grauhaarige Mann hat sich auf die Aktivitäten der bundesdeutschen Grünen spezialisiert. Zudem befaßt er sich mit dem Umweltschutz in der Sowjetunion, bei dem seiner Meinung nach noch vieles im argen liegt. Er ist, wie er sagt, ein »glühender Kommunist« (so wie ihn schon die Freunde seines Vaters als Zehnjährigen beschrieben) und begeisterter Anhänger der von Generalsekretär Michail Gorbatschow verkündeten Wende.

Im Haus Granowskij-Straße 3 lebten unter anderem der frühere Ministerpräsident Alexej Kossygin oder der schnauzbärtige Reitergeneral Semjon Budjonny. Hier hatte zudem ein berühmter, erst jüngst rehabilitierter Stalinist seine Stadtwohnung: Wjatscheslaw Molotow, früherer Außenminister, der 1957 als Mitglied einer »parteifeindlichen Gruppe« von Nikita Chruschtschow aus der Führung entfernt und 1962 aus der Partei geworfen worden war. Molotow starb, wieder in die Partei aufgenommen, 1986 und wurde auf dem jetzt zur Besichtigung freigegebenen Prominentenfriedhof des Nowodjwitschij-Klosters begraben.

Auch heute ist der Komplex in der Granowski-Straße unweit des Kreml Heim für hohe Funktionäre. Eine Reihe von Privat-Wagen aus westlicher Produktion steht im Hof hinter dem Kinderspielplatz. Gleitet eine schwarze Dienst-Wolga auf die schmale Straße, sperrt zuweilen ein unauffällig auffälliger Herr im blauen Staubmantel die Straße.

Nebenan parken wochentags zahlreiche schwarze Limousinen. Sie warten auf ihre Klientel, die im kleinen Eingang des Hauses Granowskij-Straße 2 verschwunden ist.

Im Innern befindet sich ein Geschäft für Kreml-Funktionäre, in dem das Warenangebot ungleich besser ist als in den Läden für den Normalbürger. Mit vollen Tüten und Taschen kommen die Kunden heraus.

Am Eingang des Gebäudes steht: »Büro für Genehmigungen« – offenbar ist hier auch der Eingang für das angrenzende Kreml-Krankenhaus. In diesem grauen, zum Kreml hin lindgrünen Komplex, ließen sich die früheren Generalsekretäre Leonid Breschnew und Jurij Andropow behandeln. Seit dem Tod der siechen Parteiführer stehen nun seltener die Kolonnen der mächtigen schwarzen Sils, unauffällig abgeschirmt von Geheimpolizisten, vor dem Haupteingang am Kalinin-Prospekt, gegenüber der Lenin-Bibliothek.

Während in der Granowskij-Straße 3 Tafeln von der historischen Bedeutung des Hauses und seiner Einwohner zeugen, zeigt das graue Haus in der Lawrutschinskij-Gasse 17, gegenüber der Tretjakow-Galerie, keinerlei Hinweis auf seine früheren Mieter. Hier lebten Johannes R. Becher und Boris Pasternak, bevor der in das Schriftstellerdorf Peredelkino westlich von Moskau zog. Becher schrieb später den Text für die DDR-Nationalhymne, Pasternak bekam für seinen Roman *Doktor Schiwago* den Nobelpreis, den er nicht annehmen durfte – im Kulturfrühling unter Parteichef Gorbatschow soll sein Hauptwerk aber nun auch dem Sowjetbürger zugänglich werden.

Zuflucht oder Vorhof zur Hölle

Das grüne Gewerkschaftshaus wirkt neben dem grauen Monstrum der staatlichen Planbehörde und gegenüber dem Hotel »Moskwa« verloren. In dem Gebäude finden Konzerte, Festveranstaltungen und Sitzungen der Moskauer Partei statt. Stirbt ein hochrangiges Parteimitglied, wird es im prächtigen Säulensaal aufgebahrt. Die Bevölkerung, in Bussen herangefahren, nimmt hier Abschied, bevor der Sarg mit dem Toten in feierlicher Prozession von einem Schützenpanzer zum Roten Platz gezogen wird. Bei den Moskauern heißt die Straße vor dem Gewerkschaftshaus respektlos »Lafetten-Prospekt«.

Nur wenige Touristen erfahren, daß im Oktobersaal von 1936 bis 1938 die berühmten Schauprozesse gegen den

»antisowjetischen Block der Rechten und Trotzkisten«, also gegen Leute wie Kamenjew, Sinowjew und Bucharin, stattfanden. Die Witwe des hingerichteten Bucharin, Anne (»Njussja«), die selbst 17 Jahre in der Verbannung verbrachte und dort erneut heiratete, lebt übrigens noch als Pensionärin in Moskau – rehabilitiert, wie rund 70 Prozent aller damals Verurteilten. Derzeit schreibt sie ihre Memoiren. Ihr Mann wurde 1987 zum erstenmal wieder öffentlich erwähnt.

Wenige kennen auch die historische Bedeutung des Hotels »Zentralnaja« in der Gorki-Straße 10, dem früheren Hotel »Lux«. Dort waren während des Zweiten Weltkriegs Emigranten und Funktionäre der Komintern untergebracht, unter anderem Walter Ulbricht, Herbert Wehner, Ernst Fischer, Margarete Buber-Neumann (Zimmer 175).

Für viele wurde das Hotel nicht zur Zuflucht, sondern zum Vorhof der Hölle: Morgens, vor Sonnenaufgang holten die Schergen Stalins Verdächtige zum Verhör in die nahe Lubjanka.

Von dort kehrten viele nicht mehr zurück. Verzweifelte Frauen Verhafteter stürzten sich im Hof des Hotels zu Tode.

Wo einst kommunistische Größen aus aller Welt Kascha aßen und Wodka tranken, tanzen heute in dem pompös im Barockstil renovierten Restaurantsaal – mit prachtvollen Kronleuchtern an der Decke – die Moskauer, oder sie speisen wie zu Zarenzeiten in den kleinen, durch Vorhänge vom Hauptsaal abgetrennten Séparées. Die Kapelle spielt Westliches: »I just called to say I love you.«

Geschichte ist lebendig im Hotel »Metropol«, einem schönen Jugendstilbau gegenüber dem Bolschoi-Theater, der gegenwärtig von Finnen renoviert wird. Dort arbeiten noch Zimmerfrauen, die 1949 den chinesischen Parteiführer Mao Tse-tung und den roten Marschall Wassilij Blücher bedient haben.

In dieser Herberge schlugen die Kommunisten nach der Oktober-Revolution ihr Quartier auf, bevor sie in den Kreml zogen: Lenin selbst wohnte näher am ehemaligen Zarensitz, im »Hotel National«, Zimmer 107, das noch immer genauso eingerichtet ist wie damals. Gäste können sogar an Lenins, mit grünem Filz bezogenen Schreibtisch schreiben.

Im »Metropol« lebte der deutsche Emigrant Herwarth Walden, bevor er von Stalin als Verschwörer verbannt wurde. Der Revolutionär und Dichter Max Hölz, der später auf ungeklärte Weise in der Sowjetunion ertrank, soll sich im Zimmer 269 mit einem Gewehr verbarrikadiert haben, um der drohenden Verhaftung zu entgehen. Auch Zimmernachbar Marschall Blücher wurde Opfer der Stalinschen Säuberungswelle.

Hinter weißen Gardinen ein KGB-Soldat

In den Straßen hinter der Lubjanka, einem früheren Versicherungsgebäude und seit 1920 Zentrale des Staatssicherheitsdienstes, herrscht eine bedrückende und geschäftige Atmosphäre zugleich. Hier ist die Welt des KGB, mit Häusern ohne Bezeichnung, vor denen der Bürgersteig mit Gittern abgesperrt ist, mit zugezogenen Fenstern und Gucklöcher-Türen. Die Autos, die hier parken, haben häufig die Buchstabenkombinationen MMA, MMB oder MKO und MOL.

In einem alten, blaugestrichenen Palast in der Dserschinskij-Straße befindet sich die Moskauer Abteilung des Staatssicherheitsdienstes. Der Eingang für Bürger, verkündet ein Schild, liegt in der Malaja-Lubjanka-Straße 12, einem nach außen hin unscheinbaren Mietshaus. Der Diensthabende ist für Bürger Tag und Nacht zu erreichen.

Wer zur höheren Instanz, der KGB-Verwaltung der UdSSR, bestellt wird, muß zum Kusnezkij Most 22, wo sich, gekennzeichnet durch zwei rote Schilder, der »Empfang« befindet. Die Fenster sind mit weißen Gardinen verhängt, in der Halle sitzt ein Uniformierter. Briefe »An das KGB der UdSSR« können gleich hinter der Eingangstür in einen hölzernen Briefkasten geworfen werden.

In der Warsonofjewskij-Gasse befindet sich eine Apotheke, unüblich ohne Filial-Nummer. Hier bekommen KGB-Agenten und Soldaten sowie ihre Angehörigen Medikamente. Das Angebot der Apotheke scheint freilich nicht besser als anderswo.

Ein Schild verkündet »Keine Watte«. Grund: Moskauer kaufen sie im Herbst massenhaft auf, um die Fensterritzen gegen die Kälte zu verstopfen. In der Parallelstraße, der Großen-Kisselny-Gasse, liegt der Eingang zu einem weißen modernen Gebäude, dem Armee-Hospital.

Wie ein Fremdkörper in diesem Viertel wirkt die kleine, gelbe, 1830 erbaute katholische Kirche mit grünem Dach und zwei offenen Glockentürmen. An den Wänden der benachbarten Häuser hängen klobige Fernsehkameras – als ob der Geheimdienst ständig das Treiben der Gläubigen beobachtete. Die Apparate dienen zur Bewachung der Parkplätze und des Autoverkehrs in der Malaja-Lubjanka-Straße.

Neben der Lubjanka hat der Geheimdienst erst jüngst ein großes, graues Verwaltungsgebäude errichtet. Auch dort, in der Puschetschnaja-Straße, gegenüber dem Kaufhaus »Detskij Mir« (Kinderwelt), steht eine ehemalige Kirche, deren Hof nun als Einfahrt für KGB-Autos dient. Morgens fahren blaugestreifte Busse mit geschlossenen Vorhängen hinein, die Agenten zur Arbeit bringen – Tor zur »Erwachsenenwelt«, wie die Moskauer sagen.

Ganz in der Nähe, im Haus Serow-Passage 3, erschoß sich am 14. April 1930 um 10.15 Uhr der berühmte Autor Wladimir Majakowskij. Heute befindet sich in der Wohnung ein Museum. Eine Mieterin zeigt auf ein Fenster im dritten Stock: »Dort ist es gewesen.«

Das KGB-Gefängnis »Lefortowo« für Spione, Schwerverbrecher, Dissidenten oder tollkühne Sportflieger wie Mathias Rust, liegt abseits der Zentrale in der Energetitscheskaja-Straße, hinter einem normalen Wohnhaus. Nur ein Schild an seiner Mauer verweist auf die berüchtigte Adresse: »Zum Haus 3 A.« Es hat einen kleinen gläsernen Vorbau als Eingang mit grünen Vorhängen. In der Wachstube beleuchtet eine Deckenlampe ein Bild Felix Dserschinskijs, des polnischstämmigen Begründers der sowjetischen Geheimpolizei.

Die Zellen, so berichtet unter anderem der US-Journalist Nick Daniloff, der dort im September 1986 unter Spionageverdacht für zwei Wochen einsaß, sind eng. Der Himmel ist durch die dicken Glasziegel-Scheiben nicht zu sehen, am Tage leuchtet eine 60-Watt-Birne, die Wärter nachts durch eine 40-Watt-Birne ersetzen.

Das Bett ist rund 60 Zentimeter breit, dem Gefangenen steht Sommer wie Winter eine Decke zu. Er darf im Schlaf nicht das Gesicht mit den Händen verbergen, sonst weckt ihn der Wachhabende.

Dreimal in der Woche wird die Kleidung gefilzt; der Häftling muß sich dann nackt im Schneidersitz daneben hocken. Die Ernährung ist eintönig, von Freunden oder Verwandten überbrachte Zusatzverpflegung erreicht vollständig nur selten den Adressaten.

Geht es zum Verhör, hat der Gefangene auf Fingerschnippen oder Zungenschnalzen sein Gesicht zur Wand zu drehen; Sichtkontakt zu anderen Häftlingen soll vermieden werden. Während der Untersuchungshaft, die neun Monate dauern und per Einzelfallgesetz noch verlängert werden kann, steht dem Häftling kein Anwalt zu. Erst wenn das Gericht angerufen wurde, darf sich der Verteidiger in den Fall einarbeiten.

Schwätzchen an der Gefängnismauer

Auch das Polizeigefängnis, die »Butyrka«, ist, obwohl mitten in der Stadt, kaum zu entdecken. Erst bei genauem Hinsehen merken Passanten vor der Nowoslobodskaja-Straße 45, daß der braune Verwaltungskomplex nicht nur die Kripozentrale beherbergt. Im Nebengebäude befindet sich zum Beispiel eine Möbelfabrik ohne Betriebsnamen, in der offensichtlich auch Gefangene arbeiten.

An der metallenen Eingangstür hängt ein Zettel: »Behörde sucht Arbeiter«. Ein Ingenieur soll dort 140 bis 160 Rubel verdienen – mehr als andernorts, aber noch immer weit unter dem durchschnittlichen Monatsverdienst eines sowjetischen Arbeiters.

Hinter dem Gebäude, in einem Wohngebiet, ist das Gefängnis zu sehen: ein dicker Turm, der an eine mittelalterliche Festung erinnert, mit Stromdrähten abgesicherte Mauern, Zellenfenster. Hier saß vor der Revolution der junge Wladimir Majakowskij, danach die Schriftstellerin Jewgenija Ginsburg, die deutsche Kommunistin Margarete Buber-Neumann und unter Breschnew der Dissident Andrej Amalrik.

Mitten in einem lauschigen Hof an der Mauer liegt ein Kindergarten, auf Bänken davor halten die Anwohner ein Schwätzchen. Ganz in der Nähe ist ein Eingang. Mündliche

Auskunft, heißt es dort auf einem Schild, werde täglich bis 17 Uhr 30 erteilt. Am Sonnabend könnten Angehörige der Gefangenen »persönliche Fragen« stellen.

Im Vorgebäude lassen sich Polizisten und ihre Angehörigen in der Miliz-Zahnpoliklinik die Zähne ziehen. Neben der »Butyrka«, im Kulturpalast der Moskauer Polizei, werden Freizeitkurse, etwa Nähen oder Gitarrespielen, angeboten.

Abends hat der Polizei-Diskoklub »Panaroma« geöffnet. Plakate werben für Engagement in Theatergruppen und Chören.

Richter ohne Roben

Bevor Häftlinge in die »Butyrka« eingeliefert werden, lernen sie ein anderes Haus kennen: Es ist muffig und dunkel, Schwamm hat sich an den Wänden festgesogen. Die Fenster scheinen seit Monaten nicht geputzt, der Boden nicht gefegt – hier wird in Moskau Recht gesprochen.

Die Sitzungssäle des Stadtgerichts sind karg ausgestattet, die Wände in unfreundlichem Behörden-Grün gestrichen, die Heizungsrohre so schlecht geschweißt, daß die Wände schwarze Flecken aufweisen.

Die Richter sitzen auf Stühlen mit hohen Lehnen; einige sind aus Holz, in die Sowjet-Embleme geschnitzt sind. In diesem Gericht gibt es keine Roben, nur Staatsanwälte tragen zuweilen ihre blaue Uniform, mit goldenen Sternen auf schwarzem Kragenspiegel.

Die 23000 sowjetischen Rechtsanwälte sind zwar formal unabhängig, werden faktisch aber in Anwaltskammern staatlich beaufsichtigt. Man kann sie für einen Zivilprozeß – je nach Problem kostet dies 5 bis 60 Rubel (Streitwert über 1000 Rubel) – engagieren, wenn die Verhandlung nicht länger als zwei Tage dauert. Danach kann die Gebühr zusätzlich bis zu zwölf Rubel täglich betragen. Kostenlos sind Arbeits- und Alimentenprozesse.

Jeder in einer Strafsache Angeklagte erhält gratis einen Pflichtverteidiger gestellt. Ein Anwalt seiner Wahl kostet bis zu 52 Rubel bei einer Prozeßdauer von weniger als sieben Tagen. Währt die Verhandlung länger als zehn Tage, kassiert die Anwaltskammer noch einmal 15 Rubel täglich.

Folge: Nicht jeder Bürger kann sich den Rechtsbeistand aussuchen, zumal bekannte Anwälte, wenn auch gesetzeswidrig, häufig noch einen Extra-Obolus verlangen.

Viele Chancen haben die Verteidiger freilich nicht. Sie werden nur nach Abschluß der staatsanwaltlichen Ermittlungen eingeschaltet. Versuchen sie in dieser Phase Hafterleichterung oder Entlassung durchzusetzen, müssen sie sich nicht etwa an ein unabhängiges Gremium wenden, sondern an den Staatsanwalt.

Mittlerweile haben Advokaten und Wissenschaftler öffentlich gegen diese Ungerechtigkeiten protestiert. Jurist Gorbatschow hat den Bürgern mehr Rechtssicherheit versprochen und eine Justizreform angekündigt.

Strafgefangene werden in grau-olivgrünen Lastwagen ins Moskauer Stadtgericht transportiert und von Polizisten der »Innentruppen«, einer besonderen Polizeieinheit, bewacht. Sitzen mehrere Beschuldigte auf der Anklagebank, bauen sich die mit Pistolen bewaffneten, braun Uniformierten mit dem Gesicht zu ihnen auf. Muß einer der Angeklagten zum Richtertisch, begleitet ihn ein Wachmann.

»Sie glauben selber nicht, was Sie sagen«

Ein Zivilgericht an einem kühlen Herbsttag im Saal 29: Die Richterin ist um die 50. Sie trägt einen weißen Pullover und schwarzen Rock. Ihre Besitzerin hat hochgestecktes Haar und macht einen strengen Eindruck: Der Dritte im Richterbunde ist ein arrogant wirkender junger Mann im grauen Anzug und mit Goldrandbrille.

Zuschauer haben sich nicht eingefunden, es wird schnell verhandelt. Eine Frau, etwa 35, nach Kleidung und Sprache von einfacher Herkunft und Bildung, protestiert gegen die Entscheidung ihres Bezirks, ihr nicht mehr Wohnraum zur Verfügung zu stellen.

Sie wohnt mit Tochter und Enkel in einem 17 Quadratmeter großen Zimmer, nachdem ihr Mann sie verlassen und den größeren Teil des Domizils zugesprochen bekommen hatte.

Ihr Auftritt ist kurz, die Aussage wirkt wie auswendig gelernt. Einen kleinen dichtbeschriebenen Zettel reicht sie als schriftliche Unterlage ein. Die mißmutige Vorsitzende unterbricht sie häufig.

Das Urteil: Die Klägerin müsse mehr Argumente vortragen, notfalls Zeugen bringen. So könne sich das Gericht keine Meinung bilden.

Der Ton der Richter ist häufig gereizt. Manche Wortwechsel zwischen Juristen und Bürgern gleichen Verhören – ohne Bemühen, sich in die Lage der Antragsteller einzufühlen oder gar Verständnis für sie aufzubringen.

So auch bei der zweiten Verhandlung, der Klage eines Moskauer Motorenwerks gegen einen Angestellten. Der habe, so der Vorwurf des Betriebs, für zehn Batterien Geld überweisen lassen, obwohl die Ware nicht geliefert worden sei. Schaden: über 200 Rubel, weil eine zweite Lieferung bezahlt werden mußte.

Der Betrieb feuerte den Mann, der sich zur Wehr setzte und in erster Instanz vor einem Bezirksgericht mit einem formalen Argument Recht bekam: Er sei für die Bestellung von Ersatzteilen nicht zuständig gewesen, die Kündigung daher unwirksam.

Der Arbeitgeber ging in die Berufung, die vor dem Moskauer Stadtgericht mit einem Eklat beginnt: Der Angestellte lehnt den Richter mit Goldrandbrille ab, weil er in einem früheren Prozeßstadium gegen ihn Partei ergriffen habe. Erregt faucht die Richterin: »Sie können nicht ablehnen, so ein Recht haben Sie nicht.«

Die schüchtern wirkende Anwältin weist den entsprechenden Paragraphen nach. Den Zorn über die unwillkommene Unterbrechung kaum verbergend, zieht sich das Gericht zurück, der vermeintlich befangene Jurist geht Türen knallend auf den Flur. Der Antrag wird abgelehnt.

Während der Verhandlung beteuert der Angestellte seine Unschuld. Er habe sich ernsthaft bemüht, die Batterien zu erhalten, sei mehrmals ins Ersatzteillager gefahren, wo die gefragten Batterien nicht vorrätig waren. Schließlich habe er sich entschlossen, eine andere Sorte zu nehmen, die seiner Meinung nach ebenso gebraucht wurde.

Er kann einen kleinen Erfolg erringen: Die Richterin befindet, das Werk hätte das Geld nicht anweisen dürfen, bevor die Sache nicht geklärt gewesen sei. Das Verfahren wird vertagt.

In einem anderen Saal bittet eine abgehärmte Frau im braunen Regenmantel, die Einkaufstasche in der Hand, um Strafmilderung für ihren Mann. Der hatte sie betrunken verprügelt, woraufhin sie ihn im ersten Zorn anzeigte.

Das Gericht des Kirow-Bezirks verurteilte den Ehemann zu vier Jahren Lagerhaft. Der Rechtsanwalt plädiert beeindruckend und reagiert angriffslustig auf anfängliche Einwände des Richters: »Ich denke, Sie glauben selber nicht, was Sie da sagen.«

Der Advokat belegt, die erste Instanz habe der Frau keine Gelegenheit gegeben, ihre Aussage abzumildern, geschweige denn zurückzuziehen. Die Richter hätten, beeinflußt durch eine happige Vorstrafe des Angeklagten , diesen ohne viel Federlesens hinter Gitter bringen wollen. Dabei wurde in drei Sitzungen kein Protokoll geschrieben, in der Urteilsbegründung der falsche Paragraph herangezogen.

Der Anwalt erringt einen glatten Sieg: Das Urteil wird wegen Verstößen gegen die Strafprozeßordnung in allen Belangen aufgehoben.

»Das ist nicht unser alter Arbat«

Für viele Moskauer gilt der Satz Tolstois nicht mehr: »Jeder russische Mensch, der auf Moskau schaut, fühlt, daß es seine Mutter ist.« Tatsächlich ist die alte Dame kratzbürstig und oft garstig zu ihren Kindern geworden.

In diesem Moskau, kaum spürbar für Touristen, lebt es sich für viele Bürger nicht einfach. Sie leiden unter Bevormundung und Bürokratie, etwa wenn an Geschäften und Restaurants steht: »Wegen Renovierung geschlossen«, »Wegen Inventur geschlossen«, »Sanitär-Tag« oder, an Restaurants, »Nur Spezialbedienung«. Sie leiden, wenn sie von rüden Türstehern nicht in Gaststätten gelassen werden, obwohl noch Plätze frei sind.

Moskau gleicht nachts einer Geisterstadt. Die Cafés und Restaurants der Neun-Millionen-Stadt schließen um 23 Uhr. Danach sind die Straßen wie ausgestorben, es gibt kaum Leuchtreklamen, und jeder, der noch unterwegs ist, riskiert, von einer Polizeistreife nach dem Woher und Wohin gefragt zu werden. Der Eindruck wird noch durch die Verkehrsregel verstärkt, wonach Autos nur mit Standlicht fahren dürfen.

Fußgängerzonen sollen nun das Stadtbild freundlicher machen. Eine erste, im Arbat-Viertel, gefällt freilich vielen Moskauern nicht. Die Lampen seien zu modern, die Betonklötze für Blumen störten das architektonische Ensemble: »Das ist nicht unser alter Arbat.«

Charme eines Kühlschranks

Überall haben gewaltige Neubausiedlungen, den Touristen als Errungenschaft sozialistischer Wohnungsbaupolitik gepriesen, den Charakter der Stadt verändert. Ob man sich im sibirischen Tynda oder in der Metropole befinde, klagte jüngst ein Schriftsteller, mache wegen der erdrückenden Uniformität keinen Unterschied.

Die Planer haben nach der Revolution und nach dem Zweiten Weltkrieg breite Magistralen in Bezirke mit alten Villen, Holzhäusern und Gärten schlagen lassen, denn es galt, der Welt und sich selbst zu zeigen, daß sich die Hauptstadt des Kommunismus mit London, Paris oder Washington messen kann.

Dem Kalinin-Prospekt, der den Charme eines Kühlschranks besitzt, mußte zum Teil das alte Arbat-Viertel weichen, dem 6000-Betten-Hotel »Rossija« das ehemalige Geviert der Händler und Gewerbetreibenden. Nur ein Stück Stadtmauer ist noch erhalten.

Obwohl die Genossen das Zentrum zu einer Schutzzone erklärt haben, siegt immer noch das Prinzip, nach dem Altes nicht vorzeigbar ist und mithin weg muß. Ruhmreiche und weniger ruhmreiche Vergangenheit versanken so in Schutt und Asche.

Für das neue Generalstabsgebäude gegenüber dem

Kreml rissen Soldaten in einer Nacht-und-Nebel-Aktion das frühere Wohnhaus des Komponisten Sergej Rachmaninow am Kalinin-Prospekt ein. Die Bürger hatten nicht einmal den Hauch einer Chance zu protestieren.

Innerhalb von zehn Jahren, sagte der Moskauer Schriftsteller Jurij Nagibin, hätten die Genossen Paläste aus dem 16. und 18. Jahrhundert dem Erdboden gleichgemacht. In der Giljarowskij-Straße verschwand ein einzigartiges, im Moskauer Klassizismus erbautes Haus. Sogar die Tatsache, daß es einst vom Revolutionsvater Lenin besucht worden war, konnte es nicht schützen.

An der Stelle des Wohnhauses der von allen Russen tief verehrten Dichter Michail Bulgakow und Ossip Mandelstam in der Furmanow-Straße liegt heute ein Kinderspielplatz. Nebenan wohnen hohe Funktionäre und Offiziere. Nagibin, der dort seine Kindheit verbrachte, bedauernd: »Ich kenne die Straße nicht wieder.«

Schon in den dreißiger Jahren fiel am Lermontow-Platz »aus verkehrstechnischen Gründen« das »Rote Tor«, ein Triumphbogen aus dem Jahre 1757. Verschwunden ist seit 1934 auch der Sucharew-Turm am Gartenring aus dem 17. Jahrhundert, wo ehedem ein Trödelmarkt existierte.

Auf dem Terrain des Strasstnoi-Klosters aus dem 17. Jahrhundert, hinter dem Puschkin-Platz, steht heute das Kino-Theater »Rossija«. Im Kreml wurden Tschudow- und Wosnessenskij-Kloster abgetragen.

Der Gigantomanie wichen alte Straßenzüge, dem Erdboden gleichgemacht wurden kleine Kaufmannshäuser um den Taganka-Platz aus dem 18. Jahrhundert, Adelspaläste an der Dimitroff-Straße, wo jetzt das von finnischen Architekten erbaute luxuriöse 250-Betten-Hotel des Zentralkomitees mit weißem Marmor, schwarzen Ledergarnituren und einer angestrahlten Lenin-Statue steht. Häuser, die im

Leben der russischen Größen Puschkin, Tolstoi, Tschechow, Turgenjew, Tschaikowski eine Rolle spielten, existieren nicht mehr.

An das Geburtshaus Puschkins erinnert heute nur eine kleine Büste und eine Tafel an der Wand der Mittelschule 353, der Puschkin-Schule: »Hier stand das Haus, in dem am 26. Mai 1799 Alexander Puschkin geboren wurde.«

In der Schumkin-Straße 16 stehen noch drei leere Holzhäuser mit kunstvollen Schnitzereien aus dem 19. Jahrhundert. Auf ein Schild haben Unbekannte geschrieben: »... das ist alles, was blieb.« Und als Mahnung an die Arbeiter der Baustelle gegenüber, falls diese Holz brauchen: »Die Demontage der Häuser ist streng verboten.«

Noch immer nicht verschmerzt haben geschichtsbewußte Moskowiter den Abriß eines Wahrzeichens der Stadt, der 1883 fertiggestellten Christ-Erlöser-Kathedrale, die zum Gedenken an den Sieg über Napoleon (1812) am Ufer der Moskwa errichtet worden war.

Sie sollte, so hatte es sich Diktator Josef Stalin ausgedacht, einem pompösen, insgesamt 420 Meter hohen Palast der Sowjets weichen, den eine 70 Meter hohe Lenin-Statue krönen sollte. Bei bedecktem Himmel hätte der Revolutionsführer wie ein Gott über den Wolken geschwebt.

Doch aus dem Projekt, an dem auch der Architekt Walter Gropius teilnahm, wurde nichts. Stalin-Nachfolger Nikita Chruschtschow strich das gigantische Vorhaben, nachdem es wegen des Krieges nicht hatte verwirklicht werden können. Über seine Gründe gibt es zwei Versionen: Zum einen, so heißt es, hätten die Planer in ihrem Eifer übersehen, daß der sumpfige Boden am Fluß das riesige Gebäude nicht hätte tragen können. Zum anderen habe Chruschtschow mit dem Abbruch der Arbeiten den Schnitt zur Stalin-Ära demonstrieren wollen. Die Reste des Gotteshauses liegen an einer Mauer des Donskoj-Klosters und im Zimmer des Rektors der Lomonossow-Universität.

Anstelle des Palastes der Sowjets steht nun das Schwimmbad »Moskwa«, das aus unerfindlichen Gründen nur im Winter geöffnet hat.

Ein weiteres Wahrzeichen der Stadt hätten die Moskauer 1985 beinahe verloren: das »Paschkow-Haus« auf dem Waganskij-Hügel gegenüber dem Kreml, Palais eines Kaufmannes aus dem 18. Jahrhundert, ist heute Teil der Lenin-Bibliothek. Als U-Bahn-Bauer unter den Fundamenten bohrten und sprengten, flogen Fenster heraus, entstanden Risse in den Grundmauern.

Der nördliche Flügel des Paschkow-Hauses drohte zusammenzustürzen, der ganze Komplex abzusacken – trotz Warnungen umweltbewußter Architekten. Einige Teile der Bibliothek sind nicht mehr zu benutzen.

In einer alten Villa aus dem 18. Jahrhundert, am Kreml-Ufer 1/9 an der Moskwa, verkommen bereits Bücher, die dort eigentlich für die Nachwelt aufgehoben und registriert werden sollen. Es mangelt in dem baufälligen Gebäude an Platz, so daß die literarischen Werke auf Treppen und in Kellern liegen. Ein Raum ist durch eine Schnur geteilt – dahinter ist das Arbeiten wegen Einsturzgefahr lebensgefährlich. Der neue »Bücherpalast«, wie das Archiv offiziell heißt, ist seit zehn Jahren im Bau, ein Ende nicht abzusehen – fahrlässiger Umgang mit der Geschichte.

»Gebt mir meinen Kopf zurück«

Während viele bedeutende und weniger bedeutende Künstler, Wissenschaftler und Politiker von den Nachfahren mit Gedenktafeln – wie etwa die Generalsekretäre Breschnew und Andropow in ihrem Wohnhaus Kutusow-Prospekt 24 oder in Museen geehrt werden, wird dies anderen bekannten Persönlichkeiten vorenthalten.

Es gibt bislang kein Zeugnis vom Leben und Schaffen der berühmten, im Bürgerkrieg emigrierten und erst in den siebziger Jahren rehabilitierten Poetin Marina Zwetajewa in der Pissemskij-Straße 6, deren Poeme die Moskauer heiß lieben und bei jeder Gelegenheit zitieren. Statt dessen haben ihre Verehrer im zweiten Stock des gelben Gebäudes mit Bleistift an die Wand geschrieben: »In diesem Haus lebte von 1914 bis 1922 Marina Zwetajewa, die große russische Poetin.« Am Flurfenster hängt ein Strauß vertrockneter roter Rosen.

In der Alexej-Tolstoi-Straße 6, gleich neben dem Gorki-Museum, einer schönen Jugendstil-Villa, fehlt der Hinweis auf den der Obrigkeit nicht immer genehmen Dichter Alexander Blok, der dort einige Zeit wohnte.

Ohne offiziellen Hinweis war bis Mitte 1987 auch die Stätte vieler Verehrer des Schriftstellers Michail Bulgakow: der düstere Treppenaufgang im Hof des Hauses Große Gartenstraße 10. Dort, in der Wohnung 50 im obersten Stock, lebte der Literat, und dort spielt ein Teil eines Moskau-Romans *Der Meister und Margarita*.

An den grün-grauen Flurwänden haben Bulgakow-Anhänger Zitate aus dem Roman gekritzelt (»Gebt mir meinen Kopf zurück«), Sprüche wie »Jesus lebt« oder »Seid Bulgakow würdig«, westliche Anti-Atomkraftzeichen und eine nackte Margarita. In diesem Haus hielten sich auch andere berühmte sowjetische Künstler, wie der Komponist Sergej Prokofjew, auf. Von hier aus fuhr 1925 der Dichter Sergej Jessenin nach Leningrad, wo er aus Enttäuschung über die Entwicklung der Sowjet-Macht Selbstmord beging.

Auch die Schaffensstätte eines Meisters der russischen Literatur behandelt man stiefmütterlich: Für Nikolai Gogol, der die Zaren-Gesellschaft so trefflich karikierte und die letzten Tage seines Lebens am Suworowskij-Boulevard 7, in der Nähe des Kalinin-Prospekts, zubrachte, gibt es zwar zwei Denkmäler – vor dem einen demonstrieren manchmal Dissidenten, vor dem anderen treffen sich an lauschigen Sommerabenden Verliebte –, doch nur zwei kleine »Museumszimmer«. Offizielle Begründung für die Mißachtung Gogols: Als er dort lebte, sei er bereits geistig verwirrt gewesen. Zudem fehle es für eine größere Gedenkstätte an Geld.

»Er arbeitet in einem Briefkasten«

Beispiel für ein gebrochenes Verhältnis zu der eigenen Vergangenheit ist das Haus Starokirotschnij-Gasse 6. Kein Stadtführer weist auf das Gebäude mit rotem Blechdach hin, das hinter einem grün getünchten Bretterzaun, schräg gegenüber dem runden Kolchosmarkt des Bauman-Bezirks liegt.

In dem ehemaligen Ausländerviertel lebte einst die flachsblonde Deutsche Anna Mons, Tochter eines westfälischen Weinhändlers. Sie wurde für zwölf Jahre Mätresse von Zar Peter dem Großen. Der Zustand des Gebäudes ist, bis auf ein paar kunstvoll vermauerte braune Ziegel um die Fenster, jämmerlich.

Die Steintreppen im Haus sind brüchig. Im Eingangsflur steht an einer Tür: »Eintritt verboten«, dahinter ist Mauerwerk zu erkennen. Eine Treppe führt in den ersten Stock, offenbar zu Büroräumen.

Eine Frau mit schwarzem Hund kommentiert die heutige Funktion des Hauses: »Das ist ein Briefkasten.« Gemeint ist eine Organisation ohne offizielle Adresse und mit geheimer Telefonnummer – ein Büro oder eine Werkstatt, die der Staat geheimhalten will. Oft sind dies Abteilungen der Geheimpolizei oder der Rüstungsindustrie.

Es gibt viele dieser geheimnisvollen Häuser in Moskau, die in keinem Adreßbuch verzeichnet sind. Selbst Anschrift und Telefonnummer des renommierten Kurtschatow-Nuklearforschungsinstituts sind nicht öffentlich. Obwohl die Angestellten solcher Behörden Zivilisten sind, gelten für sie militärische Regeln. Unpünktlichkeit etwa wird streng bestraft, und selbst Verwandte dürfen nicht erfahren, was in den Instituten hergestellt wird. Antwort eines 13jährigen Jungen auf die Frage, was sein Vater von Beruf sei: »Das darf ich nicht sagen. Er arbeitet in einem Briefkasten.«

Die Gemütlichkeit wird immer geringer

Mittlerweile regt sich der Widerstand gegen die brutale Abriß-Politik der Stadtväter, gegen uniformes Bauen und architektonische Monster: Die Moskauer wollen auf ihre alten Gebäude mit den Torbögen und gußeisernen Baldachinen über dem Eingang, auf ihre Teiche und Parks nicht verzichten. Erschreckt registrieren sie den aktuellen Stadtentwicklungsplan, der zum Beispiel den Taganka-Platz, im Westen bekannt durch die gleichnamige avantgardistische Theaterbühne des ausgebürgerten Regisseurs Jurij Ljubimow, in ein Feld gesichtsloser weißer Hochhäuser verwandeln will. Vorbei wäre es dann mit dem Charme der umliegenden Gassen, die alten schmiedeeisernen Tore müßten verschwinden, die mit Putten geschmückten Einfahrten würden Objekte der Abrißbirne.

Auf Unwillen stoßen Pläne, die Gegend um die Dimitroff-Straße mit modernen Geschäftshäusern zu bebauen – selbst wenn Altes erhalten bliebe. »Es scheint so, als ob alles in Ordnung sei«, schrieb die Zeitung *Moskauer Komsomolze*: »Aber die Gemütlichkeit in diesen Mikrorayonen wird immer geringer. Das hängt damit zusammen, daß die neuen Häuser nicht mehr im Verhältnis zu den alten da rumstehen.«

Immer häufiger melden sich nun Künstler, Historiker, Dichter und Schauspieler zu Wort, die um das Leben »Mütterchen Moskaus« fürchten und sich gegen die Aufräumpläne stemmen. Auf einer Versammlung des Moskauer Künstlerverbandes im Sommer 1986 wetterte der Maler Petrow: »Wenn 1941 die faschistischen Flugzeuge bis Moskau gekommen wären, denke ich, hätten sie weniger Schaten angerichtet, als wir es tun.«

Und in einer Fernsehsendung beschwerten sich Bürger unverblümt über die Abrißpolitik der Stadtväter. Nun scheint es, als ob man die Kritiker doch noch erhören würde.

Der neue Parteichef Moskaus, Boris Jelzin, sagen die Bürger, lasse größere Umsicht walten. Einige Straßen und Plätze erhielten zum Beispiel ihren alten Namen zurück. Der Platz vor dem Außenministerium heißt nun wieder »Smolenskij« und nicht mehr Scholochow-Platz. Einige alte Häuser werden renoviert, und es bestehen sogar Pläne, den Sucharew-Turm nach altem Vorbild wiederaufzubauen.

Jüngst besuchte Jelzin die ehemalige Große Auferstehungskirche, schräg gegenüber dem *Tass*-Gebäude, in dem nun das Labor einer wissenschaftlichen Forschungsanstalt sitzt. In der Kirche hatte Puschkin geheiratet, war der Leichnam Gogols aufgebahrt worden und hatte der einst verfemte Sänger Fjodor Schaljapin vor seiner Emigration 1922 sein Abschiedskonzert gegeben. Nun soll das Gotteshaus aus dem 19. Jahrhundert erneut Konzertsaal werden.

Wie empfindlich die Moskowiter in Sachen Historie geworden sind, beweist der Streit um das Siegesdenkmal im Bezirk Kunzewo, unweit der noch erhaltenen, wenn auch nicht zugänglichen, ehemaligen Datscha Stalins. Nachdem bereits 45 Millionen Rubel aus Spenden der Bürger für einen »monumentalen Energieblock der Antikultur« (so der Moskauer Literaturwissenschaftler Meiland) investiert worden waren, beschloß das Politbüro nach Protesten der Bevölkerung, das gigantische Projekt neu auszuschreiben. Mittlerweile haben Zehntausende Moskauer auf einer mehrmals verlängerten Ausstellung neue Varianten diskutiert.

Der Künstler Lewinschtein: »Wenn wir mit solchen Furchtbarkeiten einverstanden sind, werden uns das unsere Nachkommen nie verzeihen.«

»Gehen Sie nach Hause, gehen Sie schlafen«
Das Leben in einem Moskauer Bezirk

Wenn Moskauer hören, jemand wohne im Proletarskij-Bezirk rümpfen sie die Nase: »Muß denn das sein, Sie Armer?«

Der Bezirk ist unter den Hauptstädtern verrufen. Dort ist es dreckig, sagen sie, dort leben nur Arbeiter, was bei vielen Bürgern des Ersten Sozialistischen Staates einen verächtlichen Klang hat.

Die Schlote zweier großer Autowerke, in denen »Moskowitschs« vom Fließband laufen und Funktionärslimousinen des Typs »Sil« großteils noch handgefertigt werden, sowie die vieler kleiner Fabriken stoßen ständig feinen grauen Staub aus, der sich auf Häuser, Straßen und Menschen legt.

Hier leben Männer und Frauen, die mit vierzig so aussehen wie fünfzig, mit tiefen Kerben im Gesicht und schwieligen Händen. In schwarzen Monteursanzügen und wollenen Mützen schieben sie Schicht in den Werken oder stehen in einfachen braunen Staubmänteln Schlange am Fleischstand des Lebensmittelladens, immer bereit, Vordrängende mit schriller Stimme zurechtzuweisen.

Zumindest bis »Mineralsekretär« Michail Gorbatschow den Alkoholkonsum per Ukas drosselte, flossen Wodka und Wein reichlich. Freitagabend rollten die hellbraunen Polizei-Lkw mit der Aufschrift »Sonder-Sanitätsdienst« durch die Straßen und sammelten die Schnapsleichen für die Ausnüchterungszelle auf. Die Uniformierten hakten die Trunkenen von den Laternenpfählen ab, wo sie sich stundenlang festklammerten, weil ein Schritt den sicheren Sturz bedeutet hätte.

Nun sind derartige Szenen seltener, weil die Strafen strenger, der Schnaps knapper und teurer, die Schlangen, etwa vor dem »Wino«-Geschäft am Moskwa-Ufer, länger geworden sind.

Viele Bars (»Rjumotschnaja«) und Kneipen hat der Generalsekretär dicht machen lassen: Zum Beispiel die am Simonowskij-Wall, wo eine schöne Bardame mit hohen Wangenknochen und einem Hauch Henna im Haar Wodka und »buterbrody« für einen halben Rubel verkaufte. Heute ist dort ein »Kulinarija«-Lebensmittelgeschäft.

Auch die Bierhalle ist seit Monaten geschlossen. Weiße Schrift auf Fensterglas verkündet: »Remont«, Renovierung. Dort zapften sich Männer nach Betriebsschluß und am Wochenende früher für 20 Kopeken einen halben Liter dünnes Bier aus Automaten an der Wand. Das Glas hatten sie zuvor in einer Spülmaschine selber abgewaschen.

Fisch oder Krabben wurden gegen geringes Entgelt durch eine Luke gereicht und – stehend – zum Gerstensaft verzehrt. Die Gräten streiften die Kunden von den Fingern an der *Prawda* auf dem Tisch ab, den eine Alte im weißen Kittel mit grauem Lappen ab und an wischte. Wo das Klo lag, verrieten Urinschwaden.

Das Geheimnis der Holztür

Hier liegt am Krutizkij-Wall 3, Haus 2, wie ein Fremdkörper einer der knapp 60 Moskauer Blocks für ausländische Diplomaten, Geschäftsleute und Journalisten.

Bevor der ursprünglich für sowjetische Mieter gedachte Bau mit zwei Eingängen errichtet wurde, lag hier einer der Moskauer Kolchosmärkte. Ältere Einwohner erinnern sich noch an die fünfziger Jahre: »Damals gab es viel mehr Fleisch, und alles war viel billiger«, sagt wehmütig eine Bewohnerin des Proletarskij-Bezirks. Nachdem die Hauptstädter den Ausländern Platz machen mußten, wurde das elfstöckige Haus umzäunt, und das Komitee für Staatssicherheit (KGB) stellte eine Wachbude auf – fortan waren bis auf Hausmeister und einige Mechaniker Einheimische personae non gratae.

Offizielle Begründung der Quarantäne: Der Komplex und seine Einwohner sollten vor sogenannten »Hooligans«, Rowdies, geschützt werden. In Wahrheit sollen die Sicherheitsbeamten Sowjets von den Ausländern fernhalten: Kontakte sind auch unter dem sich weltoffener gebenden neuen Generalsekretär nicht erwünscht.

Wollen die Bewohner Russen empfangen, müssen sie den Besuch jenseits des Zauns treffen und ihn an dem Uniformierten vorbeischleusen. Nicht selten verläßt der dann sein Häuschen und baut sich demonstrativ neben dem Hauseingang auf – Abschreckung, die vielleicht beim nächsten Mal wirkt.

Wer ohne Begleitung passieren will, wird abgewiesen, es sei denn, er verfügt, wie etwa Journalisten oder Diplomaten, über eine Genehmigung zum Kontakt mit Ausländern. Die Sperre gilt auch für Kinder, und selbst Mitschüler jener angolanischen Diplomatenkinder, die die russische Schule gegenüber besuchen, dürfen nachmittags nicht zu ihren Klassenkameraden – reale Völkerfreundschaft im Proletarskij-Bezirk.

Wenn Ausländer ihr Getto verlassen, greifen die grauen Männer mit den roten Kragenspiegeln zuweilen zum Telefon, um ihren Kollegen in Zivil die Abfahrt mitzuteilen. Die sitzen im Haus gegenüber hinter einer Holztür in Bereitschaft, um den Fremden zu beschatten.

Ihre Autos, meist »Ladas« in beigem Farbton und privater Nummer, stehen am Krutizkij-Wall. Vorn links wippt eine Funkantenne, auf der Ablage liegt ein kleiner brauner Sanitätskasten, im Handschuhfach ist ein grauer Telefonhörer – zu sehen, wenn nachlässige Agenten vergessen, die Klappe zu schließen.

Die Umgebung des Ausländer-Hauses am Krutizkij-Wall ist von geschäftiger Betriebsamkeit. Am Eingang der nahen U-Bahn-Station »Proletarskaja« halten mehrere Straßenbahn-Linien, haben Busse ihre Endstation.

Gegenüber, vor einer Entbindungsklinik, sind Kioske für Zeitungen, Obst und Eis aufgebaut. In einem der Häuschen gibt es manchmal »Kulinarija«. Die Moskauer verstehen darunter halbfertige Speisen, wie Bouletten oder panierte Schnitzel.

Zu den typischen Geräuschen gehören neben dem Autolärm und dem Rumpeln der Straßenbahnen Lautsprecherwarnungen aus Polizeifahrzeugen. Fußgänger werden auf diese Weise ermahnt, nicht bei Rot über die Straße zu gehen, sündige Autofahrer so zum Halten aufgefordert.

Vor dem 7. November, dem Jahrestag der Revolution, heulen Sirenen: Die grün-roten »Wolga« der militärischen »Awtoinspekzija« bahnen den Weg für Lastwagen mit Soldaten, die in der Innenstadt Marschformationen proben.

Im Sommer rollen weniger martialische Kolonnen vorbei: Mit roten Fahnen geschmückte gelbe Busse, die junge Pioniere in Ferienlager außerhalb der Stadt fahren, vorneweg und hinterher fährt in übertriebener Sorge um die Kleinen ein Streifenwagen.

Am 1. Mai und 7. November ertönen ab halb sieben Pauken und Trompeten. Bürger mit Transparenten und Plastikblumen ziehen zum Roten Platz, wo ab zehn Uhr die Massen am Lenin-Mausoleum vorbeimarschieren.

Spontaner Entschluß, Solidarität mit der Arbeiterklasse zu zeigen, ist aus Sicherheitsgründen nicht erwünscht: An der Partei- und Staatsführung kommt nur vorbei, wer bei Betrieb und Behörde bekannt ist.

Mädchen treffen besser

Am 1. September, dem »Tag des Wissens«, herrscht um acht Uhr auf dem asphaltierten Schulhof der Mittelschule 469, gegenüber dem Ausländerhaus, Betrieb: Einschulung der Erstkläßler.

Die rund hundert Abc-Schützen haben sich im Halbkreis aufgestellt. Alle umklammern Gladiolensträuße, die Jungen tragen blaue Jacken und Hosen, die jüngeren Mädchen braune Trägerröcke mit weißer Schürze und Bluse. In ihren Zöpfen stecken große Schleifen.

Die Nationalhymne erklingt krächzend aus zwei Lautsprechern, die Rektorin hält eine kurze Ansprache, ebenso der Ehrengast der Zeremonie, ein Kriegsveteran.

Vom Parteitag ist die Rede und von der jüngst verabschiedeten Schulreform, nach der die Kinder künftig ab sechs statt mit sieben Jahren eingeschult werden. Die Änderungen, verspricht die Rektorin, wolle diese zehnklassige Mittelschule gemäß Parteiauftrag schnell in die Praxis umsetzen. Wegen eines Wackelkontakts in der Lautsprecheranlage kommt davon bei den Schülern nicht viel an. Vor allem Ältere in den hinteren Reihen beginnen, wie wohl alle Schüler in dieser Situation, die Mädchen an Zöpfen zu ziehen, sich zu schubsen und zu knuffen.

Dann hebt ein Zehntkläßler einen Erstkläßlerin auf seine Schultern und trägt sie umher. Das Mädchen klingelt stolz mit einer Glocke symbolisch zum Schulanfang.

Die Älteren führen die Kleinen ins Gebäude, die Szene ist

anrührend, und manche Mutter wischt sich verstohlen die Tränen aus dem Gesicht – von nun an übernehmen Partei und Staat den wichtigsten Part in der Erziehung.

Wie die auch aussieht, ist eines Vormittags auf dem Schulhof zu beobachten. Kleinere Gruppen von älteren Schülern und Schülerinnen treten vor einem Armee-Oberst an. Der markiert ein Ziel, und die Kinder versuchen, es mit einer hölzernen Handgranaten-Attrappe zu treffen. Sehr ernst scheinen die Jungen das Ganze nicht zu nehmen. Sie hampeln herum und fuchteln mit den Armen, wenn sie Erfolg haben. Die Mädchen, in blauem Kostüm, der Schuluniform für obere Klassen, sind mehr bei der Sache und treffen häufiger.

»Muß es denn wirklich soviel sein?«

Die Gegend um den U-Bahnhof ist ein Einkaufszentrum des Proletarskij- und des benachbarten Schdanow-Bezirks. Am Wochenende ist sie überdies Endpunkt von Butterfahrten auf sowjetisch. Busse transportieren Kunden aus dem Moskauer Umland heran, wo die Läden chronisch leer sind.

Ziele sind ein Modeatelier, eine TV-Reparaturwerkstatt, ein Blumenladen und ein Schuhgeschäft, das auch zu »gesenkten Preisen« Bekleidung verkauft, die sonst nicht loszuschlagen ist.

Mehr noch streben die Bürger ins »Schdanow-Universal-Magazin«, ein vierstöckiges Kaufhaus, das zuweilen westliche Jeans (100 Rubel) oder Sportschuhe (rund 40 Rubel) anbietet, oder in das Haushaltswarengeschäft »Alles für zu Hause«. Dort gibt es unter anderem Töpfe, teure Teppiche und altmodisch aussehende Tonbandgeräte, sogar Porzellan aus Böhmen.

Der Einkauf ist Glückssache: Nicht immer sind zum

Beispiel Batterien zu haben, selten Bügeleisen. Autoersatzteile und vernünftige Werkzeuge sind chronisch »defizitnije«.

Immerhin kann man zuweilen einen kleinen Fang machen, etwa eine flotte gläserne Kaffeekanne mit rotem Plastikgriff erstehen. Die dazugehörige Kaffeemaschine, darauf vertrauen die Kunden, wird irgendwann mal verkauft werden.

Ziel der Anwohner und der Gäste aus der Umgebung ist auch das große Lebensmittelgeschäft »Gastronom« am Wolgograder-Prospekt. Der langgestreckte flache Bau ist mit einem westlichen Supermarkt kaum zu vergleichen: Es gibt nicht so viele Waren, Werbung fehlt, Selbstbedienung ist nur in einer Abteilung möglich.

Das Angebot hat sich allerdings in den letzten fünf Jahren gebessert: Jeder kann zum Beispiel soviel Butter kaufen, wie er will. Allerdings ist sie teuer (3,50 Rubel das Kilo) und nicht zu jeder Tageszeit vorrätig.

Vor einiger Zeit noch nahmen die Kassiererinnen jedem Kunden rigoros Mengen über ein halbes Kilo aus dem Korb. Heute heißt es nur noch zuweilen, wenn ein Kunde mehr als ein Kilo kaufen will: »Muß es denn wirklich soviel sein?«

Es gibt drei bis vier Wurstsorten, statt ein oder zwei wie früher, und es kommt schon mal besseres Fleisch auf den Ladentisch, das unter weniger strengen Parteichefs als Gorbatschow meist gegen Aufpreis durch die Hintertür gehandelt wurde.

Armselig ist das Obst- und Gemüseangebot, vor allem im Winter. Bananen gibt es nie, dafür schrumplige Äpfel, Zitronen (Kilo: 3 Rubel, also ein Stundenlohn), Grapefruits (2 Rubel) und Apfelsinen (2 Rubel).

Bei manchen Produkten bricht die Versorgung ab und an zusammen. In den Herbstmonaten 1986 und Anfang 1987 etwa war in der ganzen Stadt kein Kaffee aufzutreiben, Büchsenmilch im »Gastronom« am Wolgograder-Prospekt rationiert. Jeder Kunde erhielt fünf Dosen.

Die Selbstbedienungsabteilung bietet vor allem Fleisch- und Fischkonserven, Milch, Mehl, Zucker, Eier (zehn Stück, zweite Sorte, 1,09 Rubel) und Fruchtsäfte an. Ein halber Liter Kirschsaft kostet 90 Kopeken, ein Liter aus Indien importierter Orangensaft 2,30 Rubel – für viele Kunden nicht erschwinglich.

Fisch und Fleisch gibt es zwei Hallen weiter. Die Stücke sind oft so geschnitten, daß sie viel Knochen und Fett enthalten.

Die Kunden vor den Verkaufsständen sind sorgsam darauf bedacht, daß sich niemand vordrängelt. Sonst hebt großes Getöse an, das auch in Handgemenge ausarten kann.

Verkauf und Bezahlung sind getrennt. Für die Kunden bedeutet dies dreimal Anstehen: Zuerst zum Abwiegen der Ware, dann vor der Kasse und schließlich bei der Ausgabe.

Gewiefte Käufer lassen sich, um Zeit zu sparen, in einer Schlange den Platz reservieren, um sich woanders einzureihen. Zuweilen bietet auch eine »Babuschka« an, für einige Kopeken für andere zu warten.

Alte Frauen in schwarzen Kitteln, dem Aussehen nach über siebzig, helfen auch hinter dem Ladentisch aus: Da vielen Alten die Rente nicht reicht, müssen sie dazuverdienen. Die Mindestrente für Frauen, die nicht gearbeitet haben, beträgt derzeit 28 Rubel, nach amtlichem Kurs knapp 100 Mark.

Nervöses Gedränge und Geschubse herrscht vor der Alkoholabteilung, wenn es Wein oder Schnaps gibt, der kistenweise abtransportiert wird. Ein Polizist beobachtet die Menschen, denen nicht selten die Hände zittern, wenn sie die Flaschen ergreifen.

Um der Alkoholsucht Herr zu werden, bietet der Staat in letzter Zeit neue Getränke an, etwa einen roten Abendcocktail, ein knapper Liter für 1,50 Rubel, Krimsekt kostet 6,50 Rubel und Kognak um die 20 Rubel, ein kleines Vermögen für den sowjetischen Durchschnittsverdiener.

An einem Imbiß in der Mittelhalle verzehren Kunden heißen Milchkaffee, Brötchen und Saft. Gleich daneben liegt die Bestell-Abteilung. Kunden mit wenig Zeit sowie Betriebs-Belegschaften können hier, besonders vor Feiertagen, ihre Wünsche äußern und erhalten später die bereits abgepackte Ware. Der Haken: Die Abteilungen geben Produkte oft nur in bestimmten Kombinationen ab. Wer also Kaviar haben will, wenn es den gibt, muß zum Beispiel eine Flasche Tomatensaft erwerben, die er gar nicht gebrauchen kann.

Das Angebot in anderen Läden am Wolgograder-Prospekt ist so dünn, als ob die verantwortlichen Genossen der Handelsorganisation noch nie etwas von der vielbeschworenen Wende im Versorgungssektor gehört hätten: In der Herrenabteilung des Schuhgeschäfts sind zum Beispiel im November nur ein paar Sorten Winterschuhe zu haben. Stiefel – Fehlanzeige.

Dafür stehen schicke Sommerschuhe in den Regalen, offenbar italienische Lizenzproduktionen. Sie kosten zwischen 45 und 55 Rubel.

In der Damenabteilung das gleiche Bild: Flottes für den Winter, außer solide aussehenden jugoslawischen Halbschuhen ist nichts zu finden. Wenn es gute, gefütterte Stiefel gibt, stehen die Frauen bis auf die Straße.

Leere ist auch typisch für das Blumengeschäft. Im November gibt es Nelken (ein Strauß: drei Rubel) sowie Herbstblumen für 1,25 Rubel. Im Sortiment sind noch fünf Sorten Topfpflanzen.

Ein unbekannter Mieter

Den Platz an der »Proletarskaja«-Metro beherrschen zwei Neubauten: Ein Ziegelhaus mit mehreren Aufgängen wurde innerhalb zweier Jahre gemauert – von einer Baubrigade, die nach wirtschaftlicher Rechnungsführung arbeitet, wie ein Schild am Bauzaun verkündet.

Das heißt: Je schneller und besser das Kollektiv schafft, desto mehr Lohn erhalten die Mitglieder. Die Brigade darf außerdem ihren Umfang bestimmen sowie den Lohn unter sich aufteilen.

Das Ergebnis kann sich sehen lassen, wenn auch die Maurer mehr Zeit benötigten als ihre westlichen Kollegen bei vergleichbaren Projekten. Nicht alle Wände sind sauber gefugt. Obwohl die Zentrale für Fernwärme vor dem Haus noch nicht fertig war, zogen bereits die ersten Mieter ein.

Zweihundert Meter weiter führten Moskauer Maurer mehr als fünf Jahre den Bürgern vor, warum sowjetische Wirtschaftsstatistiken häufig so katastrophal aussehen. In dieser Periode haben sie es nicht geschafft, ein 15stöckiges Haus im Fertigbaustil, also aus vorgefertigten Betonplatten, zu errichten. Die Architekten können keine großen Meister gewesen sein: Hinter Fenstern an der Frontseite sind die Leitungen der Klimaanlage zu sehen.

Wer einzieht, ist nicht bekannt, die Bezirksverwaltung verweigert die Auskunft: Das Haus sei ein »Briefkasten«, mithin Herberge einer geheimen Behörde oder eines Rüstungs-Instituts.

Grund für das Schneckentempo am Bau ist offensichtlich weniger der Mangel an Material – es lagert, zum Teil seit Jahren auf der Baustelle im Freien –, sondern an Personal. Sie würden, erklären Bauarbeiter, ständig zu dringenderen Vorhaben abgezogen.

Der verschwundene Gulli

Auch um die Arbeitsmoral ist es im Proletarskij-Bezirk nicht besser bestellt als anderswo im großen Sowjetreich.

Beispiele aus der Ersten Dubrowskij-Straße: Nicht beseitigter Schnee auf der Ladefläche eines Lkw war die Ursache eines Schadens, der in die Zehntausende gehen dürfte. Als sich der blaue Sil mit seiner Fracht, einem rund drei mal vier Meter großen Motor, zu schnell in die Kurve legte, geriet das grüne Gerät ins Rutschen, durchbrach die Ladeklappe und krachte auf die Straße.

Niemand wurde verletzt, der Fall unbürokratisch geregelt: Ein Streifenpolizist stoppte einen zufällig vorbeikommenden Kran, der den demolierten Motor wieder auf die glatte Ladefläche hievte. Der Fahrer setzte seine Fahrt zum Kunden fort, als sei nichts passiert.

Einge Tage später polterten Steine auf die Straße, dann schlug ein Laster um, der falsch beladen war. Der Fahrer kletterte, gottlob unversehrt, aus der Kabine.

Ein Lkw verlor Baumstümpfe, ohne daß der Chauffeur den Verlust bemerkte. Ein Klotz rollte an einem Polizeiauto vorbei, dessen Insassen das Malheur mit keinem Blick würdigten. Erst ein Taxifahrer beseitigte die gefährlichen Hindernisse.

Aus einem Lastauto schwappte Zementgemisch, als der Faher allzu flott die Kurve nahm. Schon kurze Zeit darauf kamen Arbeiter und schippten die Masse auf den Bürgersteig. Dort erstarrte sie. Einige Monate später bohrte eine Baukolonne den Berg auf.

Dann wurde die Straße frei nach dem Motto »Plan ist Plan« asphaltiert – trotz strömenden Regens, der Frostaufbrüche im nächsten Winter programmiert.

Am dritten Tag erschienen Arbeiter, um die Fahrbahnoberfläche auf der Kreuzung zu inspizieren. Schließlich holten sie ein Bohrgerät und begannen, den neuen Belag an einer Stelle wieder aufzubrechen: Ihre Kollegen hatten den Gulli zuasphaltiert.

Wegen Glatteis rammte ein Oberleitungs-Bus einen dikken Laternenpfahl. Die rechte Vorderseite des Fahrzeugs war demoliert, die Scheibe draußen. Verletzt wurde niemand. Der Fahrer stieg aus, betrachtete den Schaden, setzte zurück und fuhr weiter.

Einige Wochen darauf geriet ein Kollege ebenfalls auf Abwege. Der hatte weniger Glück. Er knallte nicht gegen den Laternenpfahl, sondern gegen die Ampel, die umknickte. Dasselbe Bild: Kurze Inspektion des Schadens und Abfahrt. Zwei Tage später wurde eine neue Ampel aufgestellt.

Alle zwei Jahre tünchen Straßenarbeiter neue Zebrastreifen auf die Kreuzung. Nach zwei Monaten sind die weißen Markierungen freilich nur noch in Umrissen zu erkennen, verwischt durch Abnützung und Regen.

Ein Moskauer vermutet »Diebstahl« hinter dem schnellen Schwund: Die Arbeiter, so der Verdacht, haben die Farbe gestreckt, um den Rest zur Ausbesserung ihres Lohnes zu verkaufen.

Als die Fernheizungsrohre für den Neubau vom nahen Kraftwerk gelegt wurden, zogen Anwohner in einer freiwilligen Arbeitsschicht (Subbotnik) einen Graben quer durch eine Seitenstraße. Der Spalt blieb einige Wochen Falle für Autofahrer, Röhren kamen allerdings nicht hinein.

Später rissen Soldaten 50 Meter weiter einen zweiten Graben auf. Während der wochenlangen Prozedur wurde die Straße zum Sturzacker. Autos fuhren sich im Winter fest oder wichen auf den Bürgersteig aus.

Jenseits der ehemaligen Bierbar ragen die Zwiebeltürme

des Krutizkij-Klosters in den Himmel, ein im 13. Jahrhundert angelegter Wehr-Komplex, gegen den die Tataren anrannten und in dem jüngst die Gebeine des Kirchenreformers Nikon aus dem 17. Jahrhundert gefunden wurden. Die Holzhäuser um die Kirche vermitteln noch einen Eindruck vom Moskau vor 300 Jahren. Die Filmemacher des staatlichen Kino-Studios »Mosfilm« brauchen hier keine Kulissen zu schieben, wenn sie Szenen aus dem Mittelalter drehen.

Im Tor-Eingang unter den kostbaren, grünen und blauen Kacheln sind die alten Fresken verblaßt und zerkratzt. Nur ein Teil des Klosters ist zugänglich.

Soldaten haben das Gelände mit einem hohen Zaun abgegrenzt. Er verhindert, daß Besucher auf eine Treppe des Klosters steigen und in den Innenhof des benachbarten Militärgefängnisses, der Krutizkij-Kaserne, schauen können, wo Soldaten aller Waffengattungen strafexerzieren.

In dieser Festung saß von 1834 bis 1835 der Revolutionär Alexander Herzen. Das rote Gebäude heißt im Volksmund heute »Zehn-Tage-Gefängnis«: Uniformierte, die sich kleiner Vergehen, Saufereien oder Schlägereien schuldig gemacht haben, sitzen hier ihre Strafe ab.

Renovierung bei den toten Zaren

Gegenüber dem Krutizkij-Kloster an der Moskwa liegt das Nowospasskij (Neues Erlöser)-Kloster, ein weitgehend erhaltener Komplex aus dem 17. Jahrhundert, von dessen Zwiebeltürmen das Blattgold abgeblättert ist. Auch er ist geschlossen, denn seit Jahren wird restauriert. Dies dauert schon so lange, daß der hohe Glockenturm, mit dem die Erneuerung begonnen wurde, mittlerweile erneut überholungsbedürftig ist. Einige Gebäude wurden von außen gestrichen, alte Grabsteine, die lange herumlagen, weggeräumt.

In der Spasso-Preobraschenskij-Kathedrale aus dem 17. Jahrhundert erneuern Künstler derzeit die Fresken. Hier liegen Mitglieder der Romanow-Familie, die den letzten Zaren stellte.

In den Klostermauern arbeitet eine Möbelfabrik, die, so ein Schild, der »Verwaltung der Hochhäuser« gehört. Gemeint sind vor allem die zwei der sieben Moskauer Wolkenkratzer, die Stalin Anfang der 50er Jahre im Zuckerbäckerstil errichten ließ und in die Prominente zogen. Eines dieser Hochhäuser steht, nicht weit vom Kloster entfernt, im Proletarskij-Bezirk am Moskwa-Ufer.

Mittlerweile gleiten in diesem Gebäude mit den Putten des sozialistischen Realismus – Arbeiter mit Getreideähren und Bohrer in der Hand – nicht mehr nur die oberen Zehntausend in holzgetäfelten Fahrstühlen nach oben, sondern schon deren weniger prominente Enkel. Im Hochhaus an der Moskwa wohnen Verwandte Stalins, in dem Turm am Gartenring lebte bis zu ihrem Tod 1984 die Witwe des ehemaligen Parteichefs Chruschtschow.

Die Bewohner des Proletarskij-Bezirks und der angrenzenden Rayone folgten den Bolschewisten mit Begeisterung, mußten sie in früheren Zeiten doch stets Frondienste leisten: zunächst den Mönchen, dann den Fabrikherren. Während der Revolution 1905 riefen sie einen eigenen Staat aus, die »Simonowskij«-Republik. Erst Sondereinheiten aus der damaligen Hauptstadt St. Petersburg vermochten dieses rote Staatsgebilde auf dem Territorium des Simonowskij-Klosters (es existiert heute noch) zu beseitigen.

Im Oktober 1917 eroberten die Rotgardisten und Arbeiterverbände aus dem Proletarskij-Bezirk die Pulverlager der zaristischen Armee und schlugen sich, so die Geschichtsschreiber Moskaus, mit Junkern und Weißgardisten. Lenin sprach mehrmals vor ihnen in der AMO-Fabrik, die heute »Sil« heißt, und im Dynamo-Werk, wo 1903 eine der ersten kommunistischen Parteiorganisationen gegründet wurde.

Im Nachbarbezirk jenseits des Flusses schoß am 30. August 1918 die Sozialrevolutionärin Fanny Kaplan Lenin vor den später nach ihm benannten Werken nieder; am Attentatsort steht eines der 30 Lenin-Denkmäler der Hauptstadt und ein kleiner Gedenkstein mit der Aufschrift: »Mögen alle Unterdrückten dieser Erde wissen, daß an dieser Stelle die Kugeln der kapitalistischen Konterrevolution versuchten, Arbeit und Leben des Führers des Weltproletariats zu beenden.«

Die kleinen Holzhäuser sind inzwischen Mietskasernen gewichen, von denen zuweilen der Putz abfällt und zwischen denen Rangierloks der Fabriken poltern. Vieles macht einen angeschlagenen Eindruck in dieser traditionsreichen Ecke Moskaus.

Die Straßenbahnschienen sind in einem schlimmen Zustand, und die Passagiere (Fahrpreis 5 Kopeken) verdanken es nur der Kunstfertigkeit der Fahrer, daß die rot-gelben Wagen aus der Tschechoslowakei nicht aus den Schienen springen.

Auf der Nowospasskij-Brücke über die Moskwa sind die Löcher an den Gleisen so groß, daß die Eisenstränge fast in der Luft hängen. Im Laufe vieler Jahre haben Arbeiter diese Schäden immer nur provisorisch behoben.

Mütterchen Moskau lebt im Hinterhof

Von der Vergangenheit zeugt neben den Kirchen wenig: Gegenüber dem Nowospasskij-Kloster im Bezirk »Jenseits der Moskwa« liegt in einem Hinterhof ein rot getünchtes

Haus mit weißen Türmchen aus dem 17. Jahrhundert: das ehemalige Zentrum des Gerberviertels.

In der Straße, einst Mittelpunkt des Handwerkerviertels, verkommt ein Palais aus dem 17. Jahrhundert. In die Seite des alten, stuckverzierten Gebäudes haben die Erbauer des neuen Moskaus die Betonwand einer Werkshalle geknallt – nur eine Frage der Zeit, wann es vollends in sich zusammenfällt.

Gleichwohl hat die Gegend um die 1966 errichtete U-Bahn-Station »Proletarskaja« den Charme vergangener Jahre bewahrt. »Babuschkas« mit Kopftüchern, bei Kälte mit dicken Filzstiefeln, sitzen auf den Bänken und plauschen. Kinder kreischen, Männer knallen Domino-Plättchen auf kleine Holztische.

Mütterchen Moskau lebt auch noch an der »Kirche-Aller-Bedrängten« am Kalitnikowskij-Friedhof, wo sich sonntags Senioren versammeln, zu den Klängen eines Chores die aufgebahrten Toten beweinen und ihre Speisen von einem langhaarigen und bärtigen Priester segnen lassen. Vor der Tür stehen Bettler, die sich nach jeder milden Gabe verbeugen und bekreuzigen. Eltern warten mit ihren fest in weiße Kissen gewickelten Babys auf die Taufe.

Im Kusminki-Park versammeln sich zuweilen alte Frauen und Männer, um zu Ziehharmonikaklängen zu tanzen und mit kehligen Stimmen russische Volksweisen und Necklieder zu singen: »Heute küßt die Nadja den Fedja, morgen hat sie einen dicken Bauch, juchhu« – dörfliche Idylle inmitten einer Millionen-Stadt.

In den Straßen stehen Baracken, wo vor allem ältere Bürger Leergut abgeben, Aufbesserung der kargen Rente. Gebeugte Frauen mit Kopftüchern schleppen oder ziehen Säcke mit Flaschen und Glasbehältern herbei und kassieren pro Stück bis zu 40 Kopeken. Wegen des möglichen Erlöses nennen sie ihre Tätigkeit »Kristallabgabe«.

Weniger lukrativ ist das Sammeln von Altpapier. Für eine bestimmte Menge von *Prawdas* und *Iswestijas* gibt es das Anrecht auf ein Buch, das im Handel selten zu haben ist.

»Die Leute sind faul«

Nahe der U-Bahn-Station hat die Partei einen »Agitpunkt« eingerichtet. Über dem Eingang hängt ein rotes Schild mit weißen Buchstaben, umrahmt von Glühlampen. Im »Agitpunkt« finden Wahlen statt, Propagandaveranstaltungen, Versammlungen der Hausbewohner. An der Tür wirbt ein handgemaltes Schild um Teilnehmer »ab acht Jahre« an einem Keramik-Kurs.

Zweimal in der Woche, am Montag und am Mittwochabend, ist Sprechstunde für die Bevölkerung. Die örtlichen Abgeordneten und Parteigenossen nehmen dann Vorschläge und Kritik entgegen.

Nur wenige Schritte entfernt, im Souterrain eines Mietshauses, befindet sich eine Außenstelle des »Agitpunkts«, der »Klub politischer Information«. Im Keller hängen an grün getünchten Wänden Plakate, Graphiken über vorgesehene Plansteigerungen, Fotos aus Betrieben.

Eine Tafel informiert über die Aktivitäten des Klubs: Schach, Pantomime, Tischtennis, Eishockey.

Regelmäßig kommen Juristen zur Rechtsberatung, diskutieren Beamte des »Ispolkom«, der Bezirksverwaltung, mit den Bürgern. Zudem gibt es Vorträge, etwa über die »Rolle des wissenschaftlich-technischen Fortschritts« in der Wirtschaftsentwicklung, oder zur Frage: »Was hat uns das 20. Jahrhundert gebracht?«

Im Vortragssaal stehen rund 20 Reihen nicht sehr bequemer Stühle. Auf fotokopierten Zetteln an jeder zweiten Haustür hatte die Agitprop-Abteilung zu einem Vortrag über die »Verfassung der Sowjetunion« eingeladen.

Um 18 Uhr haben sich zehn Personen versammelt – vor allem Senioren aus den umliegenden Häusern. Die mangelnde Beteiligung wird kritisiert: »Die Leute sind faul«, sagt eine energische Frau mit roter Wollmütze auf dem Haar, Parteimitglied, wie sie nicht ohne Stolz einflicht. Es gebe zu viele Informationen in Radio und Fernsehen, ergänzt eine andere, daher existiere kein Interesse an zusätzlichen Nachrichten.

Der Saal ist mit einem Lenin-Plakat geschmückt: »Vorwärts zum Sieg des Kommunismus«, über der Tribüne hängt die Losung: »Entscheidungen des XXVII. Parteitags verwirklichen.« Eine weiße Lenin-Büste steht vor einer mit rotem Tuch bespannten Wand.

Der Vortragende, Jurij Nikolajewitsch, Chefjurist des Handelsministeriums, verspätet sich um eine halbe Stunde. Bei seiner Ankunft sind rund 25 Personen im Saal, die meisten davon andere Agitatoren, die sich zuvor in einem Nebenraum beraten hatten.

Jurij Nikolajewitsch, etwa 45 Jahre alt, schütteres Haar, äußert sich offen über bislang im Sowjet-Alltag noch nicht erfüllte Punkte der Verfassung: Obwohl jeder Bürger Recht auf Wohnraum habe, lebten viele, so der Redner, unter unzureichenden Bedingungen. Die Partei habe deshalb jeder Familie bis zum Jahr 2000 eine eigene Wohnung versprochen. Auch der permanente Fleischmangel müsse kritisiert werden.

Der Agitator spricht schnell und routiniert. Nur selten liest er vom Blatt ab. Schon bald weicht er vom eigentlichen Thema ab und erläutert das »Gesetz gegen nicht arbeitsmäßig erworbene Einkommen«, mit dem Gorbatschow gegen Schwarzhändler zu Felde ziehen will.

In Moskau, so Jurij Nikolajewitsch, gebe es eine »Mafia von Aufkäufern und Spekulanten«, die aus der Mangelwirtschaft Profite zögen. Dies sei »sozial ungerecht«. Deshalb müsse es harte Gesetze gegen solche Leute geben, gleichzeitig aber sollten auch die Rechte der Bürger erweitert werden. Zum Schluß zieht der Redner den bei solchen Themen obligatorischen Vergleich mit dem kapitalistischen Westen. Dort, empört er sich, spreche man von Freiheit, meine aber nur die »Freiheit des Individuums«.

Was damit gemeint sei, könne man ja ständig im Fernsehen verfolgen: Die Leute hätten kein Dach über dem Kopf, keine Arbeit und müßten auf der Straße betteln – Applaus für Jurij Nikolajewitsch. Fragen werden nicht gestellt.

Zur Festveranstaltung aus Anlaß des 69. Jahrestages der Oktoberrevolution, organisiert von der Parteileitung der Wohnungsverwaltung DES-3, sind ebenfalls fast nur Veteranen gekommen. Im Nebenraum spielen einige Jugendliche Tischtennis.

Festredner ist ein Ingenieur aus einem Rechenzentrum. Er liest seinen Vortrag schnell und desinteressiert ab. Der Inhalt ist wenig aufregend – aus »Prawda« und Propagandabroschüren zusammengestellte Phrasen mit dem Tenor, die »Zitadelle des Imperialismus« Amerika bedrohe den Frieden, vor allem durch das SDI-Programm. Dagegen stehe die »friedliebende Außenpolitik« der Sowjetunion und der sozialistischen Bruderländer. Beleg dafür seien die zahlreichen Abrüstungsinitiativen des Generalsekretärs.

Die Alten im Mantel und Kopftuch scheint das wenig zu bewegen. Sie schwätzen wie Schulkinder und beginnen sich zu streiten, ob man das Fenster öffnen solle oder nicht.

Mehr Aufmerksamkeit ruft die Verleihung von Ehrenurkunden durch die Vorsitzende des Treffens, eine Dame in rosa Strickjacke, hervor. Ausgezeichnet werden verdiente Mitarbeiter der Hausverwaltung und fleißige Bewohner. Danach tritt die Balalaika-Gruppe aus dem Kulturhaus des Sil-Autowerks auf.

Kritische Töne hört man zur Feier des Tages nicht. Doch die von einem »Redaktionskollegium« gefertigte Wandzeitung im Flur offenbart die Alltagsprobleme des Wohngebiets: Manche Kinderspielplätze sind noch nicht für den Winter präpariert; auch die Eingangstüren könnten besser schließen, heißt es.

Schwerwiegender: Über 5000 Rubel Miete wurden in diesem Jahr nicht gezahlt. Mieter Malzew aus der Melnikow-Straße etwa ist mit rund 400 Rubel im Rückstand, weil er, so zitiert ihn die Wandzeitung, das Geld nicht aus dem Familienbudget »herausreißen« wolle.

Eine Mieterin erklärt laut Wandzeitung, sie habe keine Zeit, sich in der Sparkasse anzustellen. Unter den Nichtzahlern seien auch Mieter, die sich ständig des »Mißbrauchs alkoholischer Getränke« schuldig machten. Es folgen Namen und Adressen.

Der Kosmonaut hängt in der Ecke

In einem Saal eines Mietshauses am Krutizkij-Wall finden ab und zu Ausstellungen Moskauer Künstler statt – aus Anlaß eines Parteitags zum Beispiel. Die Künstler stellten – bis Mitte 1987 – eine heile Welt dar: Da existieren keine Umweltschäden, da gibt es keine Angst, keine Leidenschaften, Erotik ist tabu.

Die Bilder sind im herkömmlichen Stil gemalt. Im Westen gebräuchliche Ausdrucksformen wie abstrakte Malerei oder Fotorealismus tauchen nicht auf. Am Eingang hängt ein rosa gehaltenes Gemälde: Lenin mit jungen kämpferischen Bolschewiken, dann der Revolutionsführer mit seinem Genossen Swerdlow.

Eine traurige Frau ist zu sehen, eine Schwangere, junge Leute mit toten Augen, eine Oma: die Kolchosbäuerin Jewdokija. Ein Gemälde zeigt das Ehrenmal in Stalingrad in bunten Farben, besucht von Veteranen, Hochzeitspaaren und Jungen Pionieren.

Eine Büste stellt einen beinamputierten Veteranen dar. In der Abteilung Kunsthandwerk werden Lampen mit kitschig bemalten Schirmen gezeigt – blaue Häuser, grüne Bäume auf Glas.

Auf einem Porzellanteller ist die Aufschrift »XXVII. Parteitag der KPdSU« eingebrannt. An einer Wand hängt das einzige originelle Stück der Ausstellung: eine Batik mit abstrakten Formen – »Herbst in der Stadt«.

In einer abgelegenen Ecke sind Werke zu sehen, die im Westen bei einer ähnlichen Schau weniger wegen ihres künstlerischen Werts als des Malers wegen Aufsehen erregt hätten: Es ist der Kosmonaut Dschanibekow, der jüngst unter Einsatz seines Lebens die im Weltraum taumelnde Station Sojus 7 wieder flottmachte.

Seine zarte Tuschezeichnung mit dem Titel »Weidenkätzchen« erinnert an chinesische Malerei. Mehr Bezug zum Arbeitsgebiet des Generalmajors haben Raketen in knalligen roten und blauen Farben: »Ins Unbekannte«. Lila Figuren, offensichtlich Wesen von einem anderen Stern, heißen »Ewiger Ruf«.

In einer Kladde haben Zuschauer ihre Meinung über die Ausstellung geschrieben. Die Urteile sind überwiegend positiv; nur ein Maler wird als »unbegabt« kritisiert.

Das Vergnügen kostet einen Tscherwonez

In einem alten gelben Eckhaus am Krutizkij-Wall befindet sich die Kantine Nr. 3 des Proletarskij-Bezirks. Hier können Arbeiter und Angestellte von den benachbarten Baustellen und Kleinbetrieben zu Mittag essen.

Der Speisesaal, russisch »stolowaja«, hat in der Umgebung keinen guten Ruf. »Um den machen sogar die Hunde einen Bogen«, sagt ein Angestellter.

Tatsächlich ist die Kantine schmuddelig, die Toilette wegen Renovierung mit einer Holzlatte verbarrikadiert. Auch die Küche macht einen düsteren Eindruck. Ein großer Blechtopf mit Suppe steht auf dem Boden.

Am Eingang hängt die Speisekarte. Koch Kusmin, verkündet die Speisekarte, hat an diesem Tag unter anderem »Tefteli« (Buletten mit Brühe), »Kabatschki« (gekochten Kürbis) und Schnitzel aus Kohl im Programm. Als Getränke sind Tee oder Granatapfelsaft erhältlich.

Die meisten Kunden nehmen sich nach gut russischer Tradition an der Ausgabe Suppe, eine dicke Scheibe Brot, eine Hauptspeise und als Nachtisch Quarkauflauf mit Sahne.

Messer gibt es nicht, das übrige Besteck ist von der Sorte Metall, das bei Berührung mit Zahnplomben den Benutzer in eine Art Schockzustand versetzt. Die 20 Tische sind gut besetzt.

Eine Kundin im schwarzen Arbeitskittel bemüht sich lange vergeblich, das Brot zu brechen; schließlich beschwert sie sich lautstark bei der Kassiererin: »Also wirklich, was habt ihr heute für Brot.« Bevor sie ihre Suppe löffelt, putzt sie das Besteck mit der Serviette ab. Der Genuß währt nicht lange: Die Kartoffeln in der Kohlsuppe seien »halbgar«. Und überhaupt: »Was machen Kartoffeln in einer Kohlsuppe?«

Dafür ist das Essen billig. Zwei Buletten, die freilich viel Brot enthalten, ein Salat aus leicht angewelkten Gurken, Quarkauflauf und ein Glas Tee kosten 54 Kopeken.

Freundlicher, wenn auch nicht unbedingt ein Ort zum Wohlfühlen, ist die Kantine in einer Fabrik ohne Namen in der Woronzow-Straße 16. Hier verkehren neben den Arbeitern Polizisten von der gegenüberliegenden Wache, Soldaten, Angestellte aus einer Bauverwaltung, Mediziner aus der nahen 17. Beratungsstelle für Haut- und Geschlechtskrankheiten.

Kaum jemand gibt seinen Mantel in der Garderobe ab, wie es ein Schild verlangt. An der Ausgabe stehen frei zugänglich einige Sorten Salat, Suppen und mehrere Hauptgerichte wie Makrelenfilet oder Nieren mit Kartoffelpüree, Tomaten-Zwiebel-Salat, eine Kohlsuppe mit einem Stück Fleisch. Die Nieren, Brot, ein Stück Kuchen und ein Glas Saft kosten einen Rubel.

Gemütlicher ist es in einer »Pizzeria« an der Nowospasskij-Brücke, in der sich tagsüber kaum jemand einfindet. Die Wände sind holzgetäfelt, auf den Tischen liegen rotweiße Decken. An der Bar gibt es Pepsi-Cola und zuweilen tschechisches Bier sowie kubanischen Orangensaft, den die Bedienung verdünnt serviert.

Zur Auswahl stehen drei Sorten Pizza: mit Champignons, Tomaten oder Ei. Sie erinnern mehr an zentralasiatische Fladenbrote als an das italienische Nationalgericht. Sie sind klein und der Boden dick. Der Verzehr kann heftiges Bauchgrimmen verursachen. Der Preis: zwischen 1,60 und 1,80 Rubel.

Abends verwandelt sich die Pizzeria in eine kleine Diskothek. Kunden sind gutgekleidete junge Leute um die 30. Manchmal steht auf den Tischen eine Flasche Cinzano für 10 Rubel, manchmal ist auch italienischer Rosé-Wein da.

Wie in jedem Restaurant Moskaus beginnt solch abendliches Vergnügen mit Anstehen, es sei denn, man ist mit dem Türsteher bekannt oder kann ihn mit einer »Tscherwonez« (Volksmund für einen Zehn-Rubel-Schein) bestechen.

So geht es auch vor der Pizzeria und dem Restaurant »Polonaise« in der Marxistkaja-Straße zu. Ein weiterer Eingang führt zu einem »Bankettsaal«, den Hochzeitsgesellschaften mieten können.

Bis vor kurzem war dieser Raum noch eine Bar, in dem sich die Arbeiterjugend traf und in einer dunklen Ecke unter den Blicken eines Milizionärs Break tanzte. Zuweilen gingen dort auch junge Prostituierte mit ihren Freunden auf Kundenfang: »Dürfen wir Sie einladen?« Zu trinken gab es nur alkoholfreie Getränke, etwa einen süßen Schokoladencocktail mit Eis, Aprikosen oder Zitronen. Gleichwohl schien die Mehrzahl der Kundschaft angetrunken: Unter den Tischen standen am Milizionär des Eingangs vorbeigeschmuggelte Wodkaflaschen.

Das Restaurant »Polonaise« wirkt heute mit seinen braunen Serientischen und dem gefliesten Boden wie eine leicht heruntergekommene Vorstadt-Wirtschaft. Das Publikum ist untere Mittelschicht – junge Arbeiter, sogenannte »Limitschiki«, die nur für eine bestimmte Frist in Moskau arbeiten dürfen und meist in Wohnheimen leben, Sekretärinnen und Männer, die so aussehen, als ob sie nichts gegen ein Schwarzmarkt-Geschäftchen hätten.

Der Restaurant-Verwalter empfängt die Gäste an einem Sonntagabend mit den entschuldigenden Worten: »Wir haben aber nur aserbeidschanischen Cognac«, eine Flasche kostet 20 Rubel. Das billigere Nationalgetränk Wodka ist wegen der Anti-Alkohol-Kampagne nicht zu haben.

Die Speisekarte ist nicht sehr reichhaltig: Als Hauptgericht gibt es nur »Huhn tabaka«, mit viel Knoblauch,

Zwiebeln und eingelegten Tomaten gebraten. Dazu serviert der Kellner künstlich schmeckende Himbeerbrause, Marke »Waldbeere«.

Kaffee ist aus: »Den gibt's auch in den Geschäften derzeit nicht«, kommentiert der Kellner.

Das Kulinarische ist für die Gäste in den meisten Restaurants Moskaus ohnehin nur zweitrangig. Die Gaststätten sind in erster Linie Orte zur Partnersuche.

Ab 19 Uhr beginnt die Band zu spielen. Die drei Kellner schleppen Hühnchen und Cognac heran, die Männer mustern die weiblichen Gäste, die sich ebenfalls, wenn auch nicht flaschenweise, Cognac einflößen.

Nach rund anderthalb Stunden kommt Stimmung auf: Das Orchester spielt, wie überall in der Sowjetunion, russische und italienische Schlager sowie einige westliche Hits. Frauen tanzen zunächst miteinander, auch männliche Paare finden sich, was in sowjetischen Restaurants nicht ungewöhnlich ist.

Als die Band den Sowjet-Hit des Jahres »Montag den Zweiten fahr' ich nach Komarowo« anstimmt, tobt der Saal, und einige Pärchen gehen an den Tischen, ungeachtet der hellen Beleuchtung, in den Clinch.

Kurz vor 23 Uhr beendet die Kapelle ihren Auftritt. Die Musiker bleiben noch auf der Bühne und warten auf Extrabestellungen, die von den Kunden – verbotenerweise – bezahlt werden müssen.

Am Eingang erscheinen zwei Streifenpolizisten, was einige Gäste dazu zwingt, die illegal erworbene Flasche Cognac für die Fortsetzung des Vergnügens in den eigenen vier Wänden an den Uniformierten vorbeizuschleusen.

Um die Jugend vor Suff und schlechtem Einfluß zu bewahren, organisieren die Fabriken in den werkseigenen Klubhäusern und Kulturpalästen regelmäßig »Diskotheken«, wie an einem herbstlichen Sonntagabend im Klubhaus »Chimik« (Chemiearbeiter) in der Schukow-Passage.

Die Disko, Eintritt 95 Kopeken, bedeutet für die zwischen 16- und 25jährigen allerdings nicht nur Tanz und Vergnügen.

Denn bevor der Diskjockey die ersten Scheiben auflegt, hat die Partei die Propaganda angesetzt. Deshalb hören im Kinosaal des Klubhauses die Jugendlichen zunächst einen Vortrag über die »Rolle der Jugend im sozialökonomischen Prozeß der Beschleunigung« – ein Schlagwort, mit dem die KPdSU unter »Gensek« (Sowjetjargon) Gorbatschow die Wirtschaft des Landes nach vorn bringen will.

Referent ist ein junger Mann in braunen Cordjeans und Pullover, eine Kladde mit Notizen in der Hand. Die jugendlichen Zuhörer hängen lässig im harten Kinogestühl und benehmen sich wie aufmüpfige Pennäler. Sie zeigen deutlich ihr Desinteresse, schwatzen miteinander, winken sich zu, die Jungen versuchen, mit den Mädchen zu flirten.

Sogar ein Hauch von Aggression ist im Saal zu spüren: Einige klatschen demonstrativ an der falschen Stelle, etwa, wenn der Redner beklagt, 45 Prozent der im Bezirk hergestellten Waren entsprächen nicht den geforderten Qualitätsmerkmalen. Applaus gibt es auch, wenn von der Nichterfüllung des Pläne die Rede ist.

Als der Redner einige Mädchen zu mehr Ruhe mahnt, machen sie abfällige Handbewegungen in seine Richtung.

Die eher rethorisch gemeinte Frage, wann die Jugendorganisation der Partei, der Komsomol, gegründet worden sei, bleibt unbeantwortet – von Autorität der Partei ist im »Chimik« an diesem Abend wenig zu spüren.

Mit kaum verhohlener Erleichterung strömt das Publikum dann in den benachbarten Diskosaal, einen hohen Raum, geschmückt mit einer großen Glasmalerei, auf der Arbeiter mit roten Fahnen und die Worte »Kommunismus«, »Friede auf Erden« sowie die Formel der Einsteinischen Relativitätstheorie, $E = mc^2$, zu sehen sind.

Kaum ertönt Musik aus den Lautsprechern, ist die Tanzfläche voll und bleibt es den ganzen Abend. Neben Paaren tanzen ganze Cliquen zusammen. Wer mit einem Mädchen anbandeln will, stellt sich einfach dazu.

Mädchen fordern auch ohne Verlegenheit junge Männer auf. Eine mollige Blonde bewegt sich den ganzen Abend allein und selbstvergessen auf dem Parkett.

Viele Mädchen sind stark geschminkt, manche haben Schleifen im Haar, offensichtlich, um westliche Pop-Mode zu imitieren. Einige tragen nach Art der westlichen Punk-Mode schwarze Lederhandschuhe. Einem jungen Mann stehen die Haare in Strähnen vom Kopf ab.

Im ersten Stock verkaufen Angestellte hinter der Kaffeemaschine »Budapest« Mineralwasser und zypriotischen Traubensaft in Pappbechern. Alkoholausschank ist verboten; ab und zu wirft ein Milizionär einen prüfenden Blick auf den Verkaufsstand.

An der Wand hängt ein Plakat mit Karikaturen gegen die Trunksucht. Ein Genosse, der aussieht wie der deutsche Kommunistenführer Ernst Thälmann, schaut mahnend auf den Betrachter.

Die Musik ist laut und westlich. Zwar sind sämtliche Titel von der staatlichen Plattenfirma »Melodija« und einer Kommission des Komsomol genehmigt worden, doch auch hier unternimmt die Partei, wie auf Theater- und Filmbühnen, in letzter Zeit Lockerungsübungen.

Am ganzen Abend ertönen höchstens fünf sowjetische Titel, sonst dröhnt Heavy-Metal und Gebrauchs-Rock – etwa von der westdeutschen Gruppe Modern Talking oder von der Sängerin Samantha Fox – aus den Lautsprechern: »Touch me, I wanna feel your body.«

Derzeit zerbrechen sich die Komsomol-Organisationen des Proletarskij-Bezirks und der umliegenden Rayone darüber den Kopf, wie sie die anschwellende Heavy-Metal-Welle eindämmen können, die offensichtlich Stimmung und Gefühle der Moskauer Arbeiterjugend trifft.

Dabei wollen die Jugendfunktionäre im Schdanow-Bezirk nicht mehr mit Verboten arbeiten, sondern ihre Klientel selbst mit der begehrten Musik aus dem Westen versorgen, sie aber gleichzeitig über die angeblich schwächlichen und dekadenten Texte aufklären.

Die *Komsomolskaja prawda* einsichtig: »Es ist leicht, den Westen zu beschuldigen, unsere Jugend negativ zu beeinflussen und gleichzeitig der Jugend vorzuwerfen, daß sie sich davon angezogen fühlt. Komplizierter ist es schon, die Gründe dafür herauszufinden, warum sie sich anziehen läßt.«

Spekulation der Zeitung: »Vielleicht widmen wir der Jugend zu wenig Aufmerksamkeit.« Ein Jugendlicher: »Solange man uns nicht als Gleiche akzeptiert, werden wir uns nicht ändern.«

Liberaler geht es unter Parteichef Gorbatschow nun auch in der sowjetischen Rock-Szene zu. Als Durchbruch werten Hauptstädter ein offizielles »Rock-Laboratorium« im Kulturhaus des »Moskauer Instituts für Transport-Ingenieure«. Dort fand eine Session bis dahin verpönter Untergrund-Gruppen aus Moskau und Leningrad wie »Kino«, »Schwarzer Kaffee« oder »Swukimu« statt – mit viel Polizei auf der Straße und viel Stimmung im Saal, der voller Symbolik mit Verbotsschildern und grauen Puppen geschmückt war. Mittlerweile dürfen einige dieser Gruppen Konzerte organisieren und sogar im Fernsehen auftreten.

Wie die Bemühungen aufgeklärter Genossen, mehr an die Jugend heranzukommen, zunichte gemacht werden, zeigt sich nach der Disko im Klubhaus »Chimik«: Der Abend endet mit von der Polizei provozierten Szenen. Die ist mit Streifenwagen aufgefahren – offenbar, um Schlägereien zu verhindern. Die Menge ist jedoch friedlich.

Als die Jugendlichen Richtung Straßenbahn-Haltestelle und U-Bahn-Station »Proletarskaja« strömen, rollen drei Milizautos langsam nebenher. Ein Milizionär fordert dazu auf, den Bürgersteig zu benutzten, was wegen der Enge und der ruhigen Verkehrslage eigentlich nicht nötig ist. Aus der Menge ertönen vereinzelt Pfiffe. Plötzlich schießt ein Fahrzeug auf eine Gruppe zu. Uniformierte springen heraus und greifen sich ohne erkennbaren Grund zwei junge Männer. Einer wird in den Wagen gestoßen, der andere kann sich dank eines entschlossenen Mädchens, das sich zwischen ihn und die Polizisten schiebt, verdrücken.

Wenige Minuten später die gleiche Szene: Ein Jugendlicher versucht zu fliehen, wird aber nach hundert Metern von zwei Beamten eingeholt. Bevor er in den Polizeiwagen geschoben wird, kassiert er noch einen Faustschlag in die Rippen.

Die Zuschauer sind verunsichert. Einige lachen, die meisten setzen ihren Weg fort. Nur einige junge Frauen protestieren: »Was soll das? Die Leute haben nichts getan, nicht einmal laut geschrien.«

Antwort des Uniformierten: »Kümmern Sie sich um Ihre eigenen Angelegenheiten, gehen Sie nach Hause, gehen Sie schlafen.«

»Warum haben Sie nicht über Gott gesprochen?«

Szenen aus dem Alltag der Sowjet-Hauptstadt

Mütterchen Moskau sei oft hart zu seinen Bürgern geworden, klagen alte Moskauer. Es ist aber wohl so, daß die Moskowiter sich bei vielen Gelegenheiten selber quälen.

Das Mädchen, das am Vorabend von einem sturen Türsteher gezwungen wurde, stundenlang vor einem Café im Schnee zu stehen, zahlt am nächsten Tag mit gleicher Münze heim: Mit aufreizender Langsamkeit schreibt sie hinter ihrem Sparkassenschalter Zahlen in eine Kladde, obwohl eine lange Schlange wartet. Oder es näht ungeachtet der Kunden in aller Ruhe Quittungen zusammen, weil es gerade keine Büroklammern gibt, oder schließt um Punkt elf Uhr das Kontor, weil ihr eine Teepause zusteht.

Autos müssen an Tankstellen warten, weil gerade der Tanklaster gekommen ist. Die Kassiererin kontrolliert das Auffüllen, ihre Kollegin weigert sich, die Pumpen der Benzinsäulen anzuwerfen. Sie ist nur für den Verkauf von Öl zuständig.

Der Polizist am Flughafen verwehrt die Auskunft nach einem Schalter. Er ist Polizist und kein Aeroflot-Angestellter.

Auf die Stimmung drückt die Allgegenwart der Polizei, die auch an Ampelkreuzungen den Verkehr regelt. Wenn Staatsbesuch kommt, wird die Innenstadt rigoros abgeriegelt, die Autofahrer werden mit barschen Gesten aufgehalten oder umgeleitet. Erklärungen gibt es keine.

Auch wenn sich hohe Genossen in ihren schwarzen

Limousinen nähern, kommt der Verkehr zum Stillstand. Als sich eines Abends ein Mercedes-Notarztwagen dem abgesperrten Dserschinskij-Platz näherte und an den wartenden Fahrzeugen auf der Gegenspur vorbeizog, wurde er von einem Milizionär so lange aufgehalten, bis der Funktionär vorbei war.

»Paß auf, du fliegst gleich raus«

Dynamo-Stadion am Leningradskij-Prospekt. Hier hat die Erstliga-Fußballmannschaft Dynamo Moskau ihre Heimspiele. Zu jeder Begegnung rückt Polizei zu Pferde an, um, wie es heißt, die »öffentliche Ordnung zu gewährleisten«. Nach dem Spiel leitet ein eng gestaffelter Kordon Uniformierter die Zuschauer in die U-Bahn-Station.

Die untere Reihe im Rund ist von Polizisten der »Innentruppen« besetzt, die aufstehen und sich zur Menge wenden, wenn es auf dem Feld und unter den Zuschauern hektisch wird. In jedem Aufgang stehen zwei Polizisten, die ihre Augen nicht von den Zuschauern wenden.

Zwar sind Anfeuerungsrufe und Torgeschrei erlaubt. Eine unter dem früheren Generalsekretär Jurij Andropow verabschiedete Verordnung schreibt jedoch vor, die »Würde« des Nebenmannes dürfe dabei nicht verletzt werden. Dies kann schon Pfeifen und rhythmisches Klatschen sein. Wer dagegen handelt, bestrafen die Uniformierten mit Geldbuße oder Stadionverweis. Sie nutzen ihre Machtstellung häufig aus, und, wie zugereiste Schlachtenbummler empfinden, oft im Sinne der Heimmannschaft. Willkürlich holen Milizionäre Zuschauer aus den Reihen, die nach ihrer Meinung zu laut oder in unpassenden Momenten geschrien oder mit den Armen gefuchtelt haben. Wer sich wehrt, riskiert, mit Gewalt abtransportiert zu werden. Als der

Schiedsrichter in einem Spiel gegen die litauische Mannschaft »Schalgiris« einen umstrittenen Elfmeter gab und ein Balte »du Zauberer« rief, war im Nu ein Uniformierter da: »Paß auf, du fliegst gleich raus.«

Verhängnisvolle Löcher

Herrisch winken Milizionäre mit ihrem schwarz-weißen Stock Autofahrer an den Straßenrand. Die, erschrocken und sich häufig keiner Schuld bewußt, greifen die Papiere und eilen dem Uniformierten demütig entgegen, um sich für etwas zu entschuldigen, was sie gar nicht getan haben – eine alltägliche Szene im Moskauer Straßenverkehr.

Der vermeintliche Sündenbock muß Strafe zahlen oder bekommt ein Loch in einen dem Führerschein beigelegten Talon. Wer drei solcher Löcher hat, sei es auch nur wegen falschen Parkens oder Überfahrens einer durchzogenen weißen Linie, muß seinen Führerschein abgeben. Auf der Wache wird später entschieden, ob er die Fahrgenehmigung für ein halbes Jahr los wird oder eine Strafe von 50 bis 100 Rubel zahlen muß.

Einem Autofahrer, der gegen eine Bestrafung auf der Polizeiwache protestierte, wurde erklärt, solange er keine Zeugen präsentieren könne, habe immer der Polizist recht. Der vertrete schließlich den Staat. Die Zeitung *Moskauer Komsomolze* schilderte 1986 die Polizei-Willkür. Tendenz: Moskauer Milizionäre seien unhöflich und nur auf Strafen aus, anstatt die Fahrer aufzuklären.

Der Artikel hatte ein Nachspiel. Der mutige Schreiber, außerhalb von Moskau wohnhaft, mußte nach der Veröffentlichung eine Zufahrtsgenehmigung beantragen, weil die Stadt wegen der »Internationalen Spiele des guten Willens« aus Sicherheitsgründen gesperrt war. Der örtliche Polizist verweigerte ihm das Papier – aus Rache für die Kritik an seiner Zunft.

Unter Generalsekretär Michail Gorbatschow haben die Bürger mehr Möglichkeiten, gegen Milizionäre vorzugehen. Die Verkehrspolizei muß nun, wie jeder Streifenpolizist auch, Plaketten mit Nummern tragen.

Trotz des rigorosen Vorgehens der Miliz ist die Moskauer Unfallrate immens. Insgesamt starben 1982 in der Millionenstadt 749 Menschen, über 5802 wurden verletzt. 1985 kamen allein 484 Fußgänger ums Leben, darunter 30 Kinder.

Suff am Steuer, technische Mängel und Leichtsinn tragen zu der hohen Zahl von Karambolagen bei. Häufig haben sowjetische Privatwagen (auf dem Nummernschild steht ein Buchstabe vor der Zahl) keinen Außenspiegel, weil der aus Angst vor Dieben vom Besitzer abmontiert wurde. Daß Autos sich nur wenige Millimeter voneinander entfernt aneinander vorbeimogeln, ist nicht ungewöhnlich, ebenso der Brauch, trotz roter Ampel einige Meter in den Kreuzungsbereich hineinzufahren.

Wenn ein »Schiguli«, eine »Wolga« oder ein »Saporoschez« seinen Geist aufgibt, schieben ihn die Chauffeure nicht an den Straßenrand, sondern machen sich mitten auf der Fahrbahn an die Reparatur. Auf den Straßen stehen nachts zuweilen unbeleuchtete Lkw mit Motorschaden, verlassen vom Fahrer, weil kein Abschleppwagen an den Pannenort kam.

Als Warnzeichen dient oft ein an den Hinterreifen gelehntes Sitzpolster oder ein Eimer, Warndreiecke sind – obwohl Vorschrift – rar, da die Massenproduktion dieses Utensils lange Zeit im Plan nicht vorgesehen war.

Unfallträchtig sind schlechte Straßen, auf denen sich Autofahrer zuweilen wie auf einem Dorfacker, aber nicht wie in der Metropole einer Supermacht fühlen. Besonders im Winter sind die Autos gezwungen, um tiefe Löcher herumzukurven. Warntafeln gibt es selten. Aus dem Asphalt ragende oder überhaupt fehlende Abflußdeckel zwingen zu heftigen Ausweichmanövern. Den Straßenbauern gelingt es nicht, das Eisen mit der Straßendecke auf eine Höhe zu bringen.

Die Leidtragenden lockerer Autofahrer-Sitten sind die Fußgänger – vor allem benachteiligt, weil Autos das Recht haben, auch bei Rot rechts abzubiegen. Dort müssen sie die Passanten eigentlich passieren lassen, doch so recht schert sich niemand darum. Folge: Verunsicherung bei den Fußgängern, die nicht selten bei grünem Licht stehenbleiben und bei Rot versuchen, über die Straße zu hetzen.

Es herrscht Anschnallpflicht. Wer den Riemen nicht umlegt, riskiert drei Rubel Strafe. Ausgenommen sind, und keiner weiß so recht warum, Taxi- und Autobusfahrer.

Auf dem Papier existieren strenge Abgaswerte. Doch es gibt, so meldete das Regierungsblatt *Iswestija*, Milizstationen, die gar keine Kontrollgeräte haben. Schwarze Abgaswolken nehmen den Autofahrern häufig für Sekunden die Sicht. Und es gibt Kreuzungen, an denen zeitweise die linke Ampel Grün zeigt, die rechte Rot oder eine gleichzeitig alle drei Farben.

Ein Trost für all diese Widrigkeiten ist die Solidarität der Autofahrer. Wenn irgendwo im verborgenen eine Polizeikontrolle lauert, warnt fast immer ein Chauffeur mit Lichtzeichen den Gegenverkehr.

»Mascha, hier gibt es Ärger«

Theoretisch können sich die Bürger gegen das Dauer-Reglement von oben auch wehren.

Das Vorschlags- und Tadelbuch, das in jedem Geschäft

und Restaurant ausliegen muß, gibt den Moskowitern eine Möglichkeit, unhöflichen Genossen eins auszuwischen. Ab und zu prüfen Vorgesetzte die Einträge der Kunden.

Bei positiven Vermerken kann es Lohnzuschläge für die Angestellten geben, bei negativen riskieren sie Ärger und den Verlust der Prämie. Deshalb weigern sich viele hartnäkkig, das Büchlein auf Verlangen eines Kunden herauszurükken. Die Folge ist nicht selten lautes Gezeter.

Szene in einem Brotladen in der Pjatnizkaja-Straße: Eine Kundin will sich über das mangelhafte Sortiment beklagen und greift zum Beschwerde-Buch, das an der Wand hängt. Die Kassiererin drohend: »Was machen Sie da?« Doch die Käuferin läßt sich nicht irritieren und beginnt zu schreiben. »Mascha, komm doch mal, hier gibt es Ärger«, ruft die Angestellte nach hinten. Mascha, schwergewichtig und offensichtlich die Chefin, baut sich in voller Größe vor der Kundin auf, schaut ihr drohend auf die Finger. Schließlich verteidigt die Angestellte sich. Sie könne auch nur das verkaufen, was ihr vom Werk geliefert werde. Die Kundin kühl: »Dann hilft ja dieser Eintrag vielleicht.«

Es kann auch anders kommen. Das erfuhren Journalisten der *Iswestija*, als sie in den Restaurants »Kristall« und »Rasdan« wegen miserabler Bedienung das Beschwerdebuch verlangten. Die Kellner alarmierten offensichtlich befreundete Polizisten vom benachbarten Revier. Die wollten die unzufriedenen, aber nüchternen Berichterstatter wegen Trunkenheit abführen. Nur der Journalistenausweis rettete sie vor weiterer Verfolgung.

Einen Schrank über den Opa

Das Neubauviertel Orechowo liegt im Süden Moskaus und ist der Stolz der Stadtväter. Wer hier hinzieht, hat es geschafft, ist heraus aus der engen Kommunalwohnung, in der er Flur, Küche und Bad mit anderen teilen mußte und mit Familie in einem Zimmer hauste.

Der Asphalt dieses Moskauer Neubaugebiets, das sich äußerlich kaum vom Berliner Märkischen Viertel oder dem Hamburger Mümmelmannsberg unterscheidet, ist vom Frost aufgebrochen. Busse schaukeln die Bürger zur U-Bahn-Station.

Einige Bewohner des Blocks besitzen bereits ein Telefon – ein Privileg, denn die Post ist mit dem Bau einer Telefonzentrale noch nicht fertig geworden. Wer telefonieren will, muß auf die Straße oder zu einem Nachbarn, der als Teilnehmer des Zweiten Weltkriegs, des »Großen Vaterländischen Kriegs« oder als Invalide bevorzugt einen Anschluß bekommen hat.

Die Wohnung ist für Moskauer Verhältnisse groß: 45 Quadratmeter für vier Personen – drei Zimmer, Küche und Bad, ein kleiner Balkon. Die Monatsmiete: 13,90 Rubel.

Besitzer ist ein Moskauer Bauarbeiter, seine Frau schafft halbtags in einer Wohnungsverwaltung. Ihr gemeinsamer Verdienst liegt bei 250 Rubel im Monat.

Die beiden haben zwei Söhne, Wolodja und Igor. Wolodja geht in die zehnte, Igor in die sechste Klasse der nahen Mittelschule. Beide schlafen in einem Zimmer. An der Wand hängen Urkunden und Medaillen von Sportfesten. Der Raum ist karg ausgestattet: ein Schreibtisch, eine Liege und eine ausklappbare Couch. Der Boden ist mit Linoleum ausgelegt.

Auch im Wohn- und Schlafzimmer stehen wenig Möbel.

Im Schlafzimmer der Eltern gibt es eine Liege, im Wohnraum einen ständig laufenden Farbfernseher, Tisch, Stühle, einen Sessel sowie eine Schrankwand mit einigen Büchern. 1000 Rubel kostet das Stück im Stil der fünfziger Jahre. Die Familie hat es über den Großvater bekommen, der als Kriegsinvalide bei der Zuteilung von defizitären Möbelstükken bevorzugt behandelt wurde. Sonst beträgt die Wartezeit mehrere Jahre, wie der Hausherr sagt.

»Karriere machen kann man nur in der Hauptstadt«

Anatolij, 26, ist Aspirant der Mathematik und Mittelfeldspieler der Universitäts-Fußballmannschaft. Er schreibt seine Doktorarbeit über Wahrscheinlichkeitsrechnung.

Der junge Mann bewohnt ein schmales, ungefähr neun Quadratmeter großes, spartanisch ausgestattetes Zimmer in einem Wohnturm der Lomonossow-Universität auf den Lenin-Hügeln. Der Schrank, sagt Anatolij verächtlich, stammt »noch aus Stalins Zeiten«, in denen das Universitätsmonstrum mit Hilfe von Sträflingen errichtet wurde. Bett, Stuhl und ein kleiner Schreibtisch sind nicht viel jünger.

Im Vorraum befinden sich Toilette und Dusche, die auch von den Bewohnern des gleichgroßen Nachbarappartements, einer Studentenfamilie mit kleinem Kind, benutzt werden.

Als Student lebte Anatolij in ähnlich beengten Verhältnissen wie nun seine Nachbarn. Seine Unterkunft mußte er mit drei bis vier anderen Kommilitonen teilen. Später bekam er allerdings ein Einzelzimmer, da er als erfolgreicher Sportler in den Kreis der privilegierten Studenten aufgenommen wurde.

Als Doktorand erhält er 85 Rubel monatlich Stipendium. Davon gehen Steuern, Miete für das Zimmer und Mitgliedsbeiträge ab, so daß ihm rund 70 Rubel im Monat verbleiben – »zuwenig zum Leben, zuviel zum Sterben«, sagt Anatolij. Als Student kassierte er lediglich 40 Rubel, freilich nur dann, wenn seine Noten »sehr gut« oder »gut« waren.

Der angehende Wissenschaftler ist stets auf der Suche nach einer lukrativen Nebenbeschäftigung. Zuweilen hält er in Betrieben Vorträge über die notwendige »Kompjuterisazija« des Landes oder er schützt als Nachtwächter Baustellen vor Dieben. Derzeit fegt er für 70 Rubel im Monat den Hof einer Moskauer Behörde.

Das Regime im Wohnheim gleicht dem einer Anstalt für schwer erziehbare Jugendliche. Polizisten bewachen die Eingänge, Freunde und selbst Angehörige müssen um 23 Uhr das Haus verlassen.

Die Bewohner haben um ein Uhr nachts zu Hause zu sein – nüchtern. Wer sich nicht an die Regeln hält, dem droht nicht nur der Rauswurf aus dem Heim, sondern auch der Verlust des Studienplatzes. Allerdings, so Anatolijs Erfahrung, drücken die uniformierten Wächter schon mal ein Auge zu – wozu eine Flasche Wodka beitragen kann.

Freund oder Freundin aus der Universität dürfen nicht im Zimmer übernachten. Zum Glück gibt es aber, berichtet Anatolij, weniger nächtliche Kontrollen als früher. Die Besucher müssen dann im Schrank verschwinden oder sich auf dem schmalen Fenstersims verstecken – in schwindelnder Höhe eine lebensgefährliche Sache.

Seit einiger Zeit hat Anatolij eine feste Freundin: Irina, Doktorandin der Biologie, die er heiraten möchte. Das Ja-Wort Irinas würde ihm nicht nur privates Glück bescheren. Die Registrierung in einem der Hochzeitspaläste bedeutet das Aufenthaltsrecht für Moskau. Und: »Karriere machen kann man nur in der Hauptstadt.«

Die Zweizimmerwohnung ist renovierungsbedürftig. Die Besitzer, ein Biologe und eine Lehrerin sowie die 20jährige Tochter, eine Ingenieurin, wenden sich an das Zentrale Büro für Wohnungsrenovierung.

Dort treffen sie auf einen höflichen Abteilungsleiter, der ihren Antrag entgegennimmt und an eine Kollegin verweist: Die werde sich melden, um Kosten und Material zu kalkulieren.

Doch die Dame kommt nicht, weil sie sich um ihr krankes Kind kümmern muß. Dafür steht ihr bezahlter Urlaub zu. Später verhindert eine innerbetriebliche Versammlung die Begegnung.

Telefonisch verspricht ihr Chef, die Angelegenheit zu beschleunigen. Nach drei Wochen sind die Formalitäten erledigt, die Familie weiß, wieviel Farbe und Tapeten für die Handwerker-Brigade zu besorgen sind.

Das Zentralbüro für Wohnungsrenovierung hat genügend Tapeten auf Lager – im Gegensatz zu normalen Geschäften, wo sie häufig Mangelware sind. Wer seine Wohnung selbst renoviert, muß lange Schlange stehen, bis er Ware seines Geschmacks erhält.

Dafür kostet die Totalrenovierung des rund 50 Quadratmeter großen Quartiers, Material eingerechnet, rund 500 Rubel – ungefähr soviel, wie alle drei gemeinsam im Monat verdienen.

Nach einigen Tagen meldet sich der Brigadier, doch ein Termin kann nicht gefunden werden, da alle drei Familienmitglieder wegen unaufschiebbarer beruflicher Angelegenheiten nicht freinehmen können. Folge: Die Maler ziehen ein anderes Objekt vor. Der Abteilungsleiter warnt, so bald kein neues Datum zu finden – die Renovierung der Pionierlager habe wegen der bevorstehenden Sommerferien Vorrang.

Schließlich ist ein Termin gefunden, Möbel werden umgeräumt. Ein junges Mädchen erscheint, sieht sich die Tapeten an und verkündet, mit denen könne sie nicht arbeiten: »Ehe ich Ihnen die Sache verderbe, soll lieber ein erfahrener Kollege kommen.«

Längst bereut die Familie, den offiziellen Weg gegangen zu sein. Leichter hätte sich eine Schwarzarbeiter-Gruppe finden lassen, die das Vorhaben innerhalb weniger Tage erledigt. Entsprechende Angebote aus der Nachbarschaft lagen vor. Doch schlechte Erfahrung schreckte ab: Bei der letzten Renovierung hatte ein Maler geschlampt, weil er zu häufig zu tief in die Wodkaflasche schaute.

Mühsam einigen sich beide Seiten auf ein neues Datum. Die Tochter nimmt Urlaub, niemand kommt. Der Abteilungsleiter, inzwischen mit einem kleinen Geschenk bedacht, verspricht Aufklärung.

Nach einer weiteren Woche aufreibenden Wartens beginnt eine Natascha von der Malerbrigade die Arbeit.

Schnaps, Provokation und ein toter Minister

Schräg gegenüber vom Zentralkomitee am Alten Platz 4, an dem auch Touristen vorbeiflanieren und einen Blick auf die Kantine der Genossen in der Nikitnikow-Gasse neben der Kirche werfen können, liegt das Polytechnische Museum. In einem Flügel arbeitet die Gesellschaft »Snanije« (Wissen) – eine Art Volkshochschule für die Moskauer. Hier können sie zum Beispiel etwas über die »Moralischen Probleme der sowjetischen multinationalen Literatur« erfahren oder im Abonnement 54 über »Aktuelle

Probleme der sowjetischen künstlerischen Kultur im Lichte des XXVII. Parteitags der KPdSU«.

In der Veranstaltung »Im Kampf mit dem sozialen Übel« treten Moskauer Staatsanwälte auf, um gegen den Alkohol-Mißbrauch zu agitieren. Das Publikum ist gemischt: einfach gekleidete Leute, die sich auf roten Plastiksitzen die Zeit vertreiben, aber auch Uniformierte und Partei-Propagandisten, die das Gehörte in Wohngebieten oder in den Werken weitergeben sollen.

Staatsanwalt Tschitschikow ist ein hochgewachsener Mann mit schütterem Haar und nervösem Zucken im Gesicht. Bevor er beginnt, bekommt er Tee aufs Pult gereicht.

Der Mißbrauch von Alkohol in der UdSSR, befindet er, sei das Resultat von schlechter Tradition und schlechter Erziehung. Das Problem wachse unter Frauen und Jugendlichen, viele Verbrechen gingen auf Alkoholmißbrauch zurück, 70 Prozent aller Morde würden im Suff begangen.

Nach dem Vortrag kann das Publikum Fragen stellen, die vorher schriftlich eingereicht werden müssen. Die Diskussionsleitung nimmt auch unbequeme Fragen an, die nicht zum Thema passen. Ob es wahr sei, daß ein Minister aus der Sowjetrepublik Moldawien in Moskau ermordet worden sei, will zum Beispiel jemand von den Staatsanwälten wissen. Die Antwort lautet »ja«.

Viele Besucher nutzen die Gelegenheit, persönliche Fälle zu schildern. Sie beklagen sich über Ungerechtigkeiten bei der Wohnraumverteilung. Eine Frau möchte Rat, wie sie ihrem Mann helfen könne, aus dem Gefängnis herauszukommen.

Die Vortragsveranstaltungen in der Gesellschaft »Snanije« geraten denn auch häufig zum Forum für Kritik an Mißständen in Stadt und Land. Von der Partei werden sie offenbar als Gelegenheit zum Dampfablassen geduldet.

Als etwa in der Veranstaltung »Der Kampf gegen Abweichungen von der sozialistischen Moral – ein wichtiger Beitrag für die Formung des neuen Menschen« Professor Kossolapow, ein dicker Mann mit langem Haar, nur Phrasen drischt, reagieren viele der 20 Zuhörer aggressiv: »Warum haben Sie nicht über Gott gesprochen?« fragte einer, »ohne Gott sinkt der Mensch tiefer und tiefer.« Kossolapow: »Wenn diese Frage keine Provokation ist, dann ist sie ein Witz.«

Ein anderer Zuhörer möchte wissen, warum eine Stadt nach dem früheren Parteichef Leonid Breschnew benannt wurde, wenn der doch wegen Fehlleistungen kritisiert werde. Antwort: Die Geschichte werde die Bedeutung Breschnews zeigen.

Diese Formeln lösen Unruhe aus, einer verlangt lauthals seine 20 Kopeken Eintrittsgeld zurück. Jemand will Auskunft, warum westliche Radiosender gestört würden. »Stören die unsere Sender auch?« Und: »Wieviel verdienen Sie eigentlich?« Antwort: »400 Rubel.« Nach Schluß der »Lekzija« umlagern Zuhörer den Redner noch auf der Straße.

Eine gebärende Frau mit Krallen

Gegenüber den Wohnhäusern der Sowjet-Elite in der Alexej-Tolstoi-Straße bewohnt im Haus Nr. 16, Kommunalquartier Nr. 4, der Moskauer Maler Sergej Wolochow zwei Zimmer. Eins davon ist sein Atelier. Der 50jährige Wolochow, ein fröhlicher Mann mit rundem Gesicht, schütterem Haar und Vollbart, zählt zu den rund 100 nonkonformistischen Künstlern Moskaus – jenen, die nicht Mitglied im offiziellen Künstlerverband sind, weil sie nicht so malen, wie es der Staat gern will.

Wolochow bringt riesige Kompositionen auf die Leinwand. Eines seiner monströsen, aus mehreren Teilen bestehenden Werke heißt »Metamorphose«: Viel Blut ist zu sehen, der Geburtskanal, ein Embryo.

Sein Stolz ist ein etwa zwei mal drei Meter großes Gemälde: eine gebärende Frau mit Krallen, umgeben von Schläuchen, Kabeln und Glühbirnen. Sie liegt auf der Fläche der Sowjetunion und soll Rußland symbolisieren. Die Lampen sind eine Anspielung auf das Lenin-Wort: »Kommunismus – das ist Sowjetmacht plus Elektrifizierung des ganzen Landes.«

Am Rand hat Wolochow quadratische Bilder mit Motiven gruppiert, die das Leben Rußlands symbolisieren: Volk, Intelligenz, Glaube, Zweifel, Staat, Macht, Gesetz und Angst.

Trotz seines Abweichens von der offiziellen Linie bemüht sich Wolochow um die Aufnahme in den Künstlerverband. Dies würde ihm soziale Sicherheit und ein regelmäßiges Einkommen bescheren. Denn Behörden und Unternehmen, Bibliotheken und Kulturhäuser kaufen Bilder nur von Mitgliedern des Verbandes.

Bislang waren die Versuche vergeblich: Er braucht drei offizielle Ausstellungen und die Empfehlung prominenter Mitglieder, bevor er das Mitgliedsbüchlein erhält.

Einen Funktionär hat er jüngst überreden können, sich sein Werk anzusehen, doch der verließ entsetzt das kleine Atelier des ehemaligen Kunstlehrers: Die Bilder enthielten nichts Positives und seien nicht verständlich.

So verdient der Künstler seinen Lebensunterhalt als Maler von Losungen und Plakaten in einem medizinischen Institut. Er erhält dort 80 Rubel im Monat. Gelegentlich verkauft er seine Gemälde und Graphiken an ausländische Diplomaten und Journalisten, die für viele Moskauer nonkonformistische Maler die einzigen Kunden sind.

Dabei geraten manche Künstler in Gefahr, ihre Rücken

zu verkrümmen, die sie im zähen Kampf mit der Partei um ihre künstlerische Freiheit lange geradegehalten haben.

Denn um ihren Lebensunterhalt zu sichern, malen sie nun Gefälligkeitsbildchen, die ihrem Stil eigentlich nicht entsprechen: Auf die Weise kommt ein Kirchlein mit Zwiebeltürmen zustande, weil dies bei den ausländischen Kunden als Souvenir gefragt ist.

Wolochow hat nicht nur das Glück, einen Job zu haben, sondern auch einen Mäzen – einen Mathematiker, Mitglied der Akademie der Wissenschaften, der es sich gesellschaftlich erlauben und finanziell leisten kann, die Wände mit nonkonformistischer Kunst zu behängen.

Kein billiger Spaß: Wolochow nimmt für eine Graphik, etwa Szenen aus Mittelasien, verfremdet mit farbigen Strichen, 100 Rubel.

Unter Parteichef Gorbatschows offener Kulturpolitik hat sich die Lage Wolochows gebessert. Auf Vermittlung einer Bekannten durfte er für einige Tage im Institut für Afrikakunde – Direktor ist der Sohn des Staatschefs Gromyko – ausstellen.

Dort wurde deutlich: Auch Wolochow ist bereit, Kompromisse zu schließen. Er zeigte nicht Abstraktes, sondern brave Stilleben und Porträts farbiger amerikanischer Bürgerrechtler wie Angela Davis. Auf einer kleinen Schau in der Lomonossow-Universität konnte er sogar seine »Metamorphose« zeigen.

In drei engen Kellerräumen des Hauses Malaja-Grusinskaja-Straße 28, unweit der bundesdeutschen Botschaft, drängen sich die Menschen. Es läuft eine der regelmäßigen Ausstellungen Moskauer nonkonformistischer Künstler, die unter dem Dach der Graphiker-Gewerkschaft rund viermal im Jahr ihre Werke präsentieren dürfen.

Vor jeder Eröffnung prüfen Abgesandte des Kulturministeriums, ob die Bilder auch nicht etwa eine deutliche erotische, religiöse oder staatsfeindliche Aussage haben. Diskussionen mit den Zensoren sind nicht möglich. Gleichwohl ist in der Malaja Grusinskaja mehr erlaubt als anderswo.

An den Wänden hängt, was in Hamburg oder New York längst kein Aufsehen mehr erregen würde, in Moskau aber noch immer ungewöhnlich ist.

Vor allem Abstraktes präsentieren die Nonkonformisten diesmal: das »Objekt Nr. 4« zum Beispiel, ein blauer Kreis mit Punkten oder grelle Farbmuster, die dem Maler Viktor Vasarely nachempfunden sind.

Eine düstere Komposition in Braun hat die Kreuzigung Jesu zum Thema: »Der Henker bereitet das Kreuz vor.« Auf einem Gemälde in blauen Tönen des Malers Schugurow sind drei Köpfe mit Irokesen-Frisur zu sehen – ganz offensichtlich eine Anspielung auf die Propagandaplakate von Marx, Engels und Lenin.

In der Kladde, in der die Zuschauer (Eintritt 30 Kopeken) Lob und Tadel verteilen können, steht der barsche Kommentar: »Das Bild von Schugurow abhängen.« Unterschrieben ist die Forderung von einem »Parteimitglied seit 1905, 118 Jahre«.

Daß ein so betagter Kommunist die Ausstellung besucht hat, hält von den Lesern kaum einer für möglich. Jemand wollte offensichtlich mit diesem Eintrag auf den vermeintlich parteifeindlichen Charakter des Bildes aufmerksam machen.

Das Publikum ist gemischt. Intelligenz mit Rollkragenpullover und Bart, junge, westlich gekleidete Leute, Frauen und Männer im Hippie-Stil, Besucher aus der Nachbarschaft, ein junger Soldat der Kreml-Wache mit dunkelblauen Schulterklappen.

Am Nachmittag bläst eine Drei-Mann-Jazzkapelle free-jazz. Danach lesen zwei schüchterne junge Männer und eine Frau im Sackkleid des jüngst gegründeten »Klub junger Poeten« von zerknitterten Zetteln Gedichte über »das Leben, die Zeit und sich selbst«. Der Applaus ist höflich – Kultur im Keller.

Inzwischen können einige nonkonformistische Moskauer Künstler die offenere Kulturpolitik der KPdSU unter Gorbatschow genießen. Die Genossen ließen 1987 eine weitere Schau zu: im Ausstellungssaal eines Neubauviertels nahe des Krebsforschungs-Zentrums an der Kaschirskaja-Chaussee.

Dort hing Abstraktes und Realistisches an der Wand: Menschen auf dem U-Bahnhof, die nicht auf das Lenin-Denkmal achten, ein Polizist mit leerem Gesicht. Am Eingang stand die Statue eines nackten Wladimir Wyssotzki, des 1980 verstorbenen, populären Sänger und Schauspieler.

»Wolodja, bist du es, Wolodja?«

In der Nähe des Zentralkomitees am Alten Platz 4 haben Passanten nicht zu rennen. Kleine Kinder dürfen selbst an heißen Sommertagen das Kreml-Territorium nur mit bekleidetem Oberkörper betreten.

Die Bitte um Begründung beantwortete ein Polizist vor dem Kreml-Tor allen Ernstes so: »Hier wird regiert, die Genossen könnten sich bei dem Anblick gestört fühlen.«

Noch heiliger als Zentralkomitee und Kreml ist für Kommunisten der Rote Platz mit der Kultstätte des Bolschewismus, dem Lenin-Mausoleum. Auf diesem Platz – »Anfang aller Wege«, wie die amtliche Nachrichtenagentur TASS mitteilte, und weltbekannte politische Bühne – ist sogar das

Rauchen verboten, da es die Würde dieser Stätte verletzen könnte.

Genau das tat in den Augen vieler Sowjets der 19jährige Sportflieger Mathias Rust aus Wedel, als er Ende Mai 1987 mit einer gemieteten Cessna 172 einige Schleifen drehte und die Maschine schließlich, nach einem riskanten Landemanöver, auf dem Kopfsteinpflaster ausrollen ließ. Der Urteilsspruch dafür: vier Jahre Arbeitslager.

Streng waren die Bräuche auf dem Roten Platz schon immer. Wer zu Zaren-Zeiten durch das Spasskij-Tor in den Kreml wollte, mußte seine Kopfbedeckung abnehmen; selbst der Zar mußte sich dieser Vorschrift beugen.

Ursprünglich hieß das heutige Zentrum des Weltkommunismus »Welikij Torg«, »Großer Handel«, weil diese Stelle des Kreml einmal Marktplatz war. Nach einem Feuer im Jahre 1571 erhielt der Platz eine noch passendere Bezeichnung: »Brand«.

Die Stelle wurde ein kulturelles Herzstück Moskaus. Hier entstand die erste öffentliche Bibliothek, dann 1755 die erste Universität Rußlands (heute steht dort das Historische Museum). Vor dem Spasskij-Tor, durch das schwarze Funktionärs-Limousinen brausen, wurden einst Bücher gehandelt, Traktate und Erbauungsschriften. Wer nicht lesen konnte, kaufte Bilderbögen.

Im 19. Jahrhundert verschwanden im Zuge einer Verschönerung des Platzes die Budenreihen und wurden in einer mehrstöckigen Halle untergebracht – das heutige »Staatliche Universal-Magazin«, besser bekannt unter seiner Abkürzung »GUM«.

Schon zu dieser Zeit hatte der Platz den Namen »Krasnaja Ploschad« erhalten, was sowohl »Schöner Platz« als auch »Roter Platz« bedeutet.

Die Farbe Rot hatte für diesen Flecken Moskaus schon

immer eine große Bedeutung – lange bevor rote Fahnen über dem Kreml wehten und die rubinroten fünfzackigen Sterne, gefertigt von nordrussischen Glasbläsern, die Zarenadler auf den Türmen ablösten. Denn hier floß im Laufe der Jahrhunderte eine Menge Blut, hier wurde nicht nur gehandelt, sondern auch getötet, standen nicht nur friedliche Buden, sondern auch Galgen.

Auf dem Roten Platz wurden Ehebrecherinnen eingegraben, damit sie ihr heißes Blut kühlen sollten. Zar Alexej ließ Mitte des 17. Jahrhunderts nach einem Volksaufstand über zehntausend seiner Leibgardisten hinrichten. Ihnen folgte der Rebell Stenka Rasin, der gevierteilt wurde, in den Tod.

Und immer wieder rechneten die gar nicht zimperlichen Herrscher auf dem Roten Platz unter den Augen des Volkes mit ihren Gegnern ab. Zar Peter der Große ließ – zur Abschreckung – sogar die Leichen der hingerichteten Strelitzen, seiner rebellischen Leibwache, tagelang liegen.

Nachdem die Truppen Iwans des Schrecklichen die tatarische Stadt Kasan erobert hatten, befahl er Mitte des 16. Jahrhunderts aus lauter Dankbarkeit, die märchenhafteste aller russischen Kirchen zu errichten – die Blaschenij-Kathedrale, häufig auch Basilius-Kathedrale genannt.

Den Architekten Posnik Jakowlew ließ Iwan der Schreckliche – der Legende nach – blenden, damit er nicht noch einmal solch ein Prachtstück bauen konnte. Der französische Rußland-Reisende Marquis de Cuisine taufte das Gotteshaus im 19. Jahrhundert freilich respektlos »Konfitürendose«.

Spardose wäre noch treffender gewesen, denn die Kirche diente nicht nur Gottesdiensten, sondern auch als Schatzkammer für Moskaus Kaufleute. Sie verstauten ihr Gold und Silber in den Kellergewölben, weil sie es dort unter dem Schutz der Mutter Gottes glaubten. Ein Überfall im 17.

Jahrhundert scheiterte kläglich, obwohl die Täter geschickt einige Holzhütten angezündet hatten, um von ihren Aktivitäten abzulenken. Die Ganoven wurden erwischt und an Ort und Stelle ins Jenseits befördert.

Im November 1917, 25 Jahre nachdem dort die ersten elektrischen Lampen erglühten, war der Rote Platz Schauplatz heftiger Kämpfe zwischen Zaristen und Bolschewisten (unter der Führung eines Jewgenij Sapunow, der von einem Obersten der zaristischen Offiziersschüler erschossen wurde). Einen Tag später war Moskau in der Hand der Revolutionäre. Ihre Gefallenen begruben sie in sogenannten »Bruder-Gräbern« an der Kreml-Mauer.

Seither feiern die Moskauer auf dem Roten Platz mit Militärparade und Vorbeimarsch der Massen am 7. November den Jahrestag der Revolution. Wie auch am 1. Mai erklimmen dann die Sowjet-Führer das am 27. Januar 1924 um 16 Uhr eröffnete Lenin-Mausoleum – erbaut aus Granit, Quarzit und Labrador –, in dem der Leichnam des Revolutionsführers, »gekühlt« durch eine westdeutsche Apparatur, aufgebahrt liegt.

Auf den Tribünen aus grauem Granit stehen links des Mausoleums die Ehrengäste, rechts, in verschiedenen Sektionen, die Funktionäre, ausländischen Journalisten und Diplomaten. In letzter Zeit hat sich dort auch die Tochter von Generalsekretär Gorbatschow, Irina, mit Mann und Tochter Oxana unter die Zuschauer gemischt.

Bei solchen Ereignissen darf nur auf den Platz, wer eine besondere, handschriftlich ausgefüllte Eintrittskarte besitzt. Selbst hohe Generäle und Funktionäre werden von den Soldaten der Kreml-Wache mehrfach peinlich genau überpüft.

Auch Tradition: Nach dem Vorbeimarsch der Moskauer am 1. Mai gesellt sich der Chef der Moskauer Partei-

Abteilung zu den Funktionären, gratuliert »zum Feiertag« und wechselt einige Worte mit ihnen.

Eine besondere Ehre für Wehrpflichtige ist es, als Posten Nummer 1 vor dem Lenin-Mausoleum zu dienen. Zu jeder vollen Stunde werden sie abgelöst, die Zeremonie dauert zwei Minuten und 45 Sekunden, präzise zum Schlag des Glockenspiels im Spasskij-Turm.

Gern erzählen sich die Moskauer die Anekdote von der Bürgerin Tamara Krassowa aus der Ortschaft Gagarin, die, zu Besuch in Moskau, plötzlich ihren Sohn als Wache vor der Tür zu Lenin entdeckte. Sie arbeitete sich durch die Menge der Zuschauer und flüsterte ihm zu: »Wolodja, bist du es, Wolodja?« Doch der hielt sich streng an die Dienstvorschrift und rührte sich nicht. Nur seine Wangen erröteten.

Lediglich zum Jahreswechsel gestatten die Genossen auf dem Roten Platz lockere Sitten. Hunderte Moskauer versammeln sich, holen Champagnerflaschen aus Plastiktüten, wildfremde Menschen prosten sich zu, tanzen im Kreis, Glas zersplittert.

Eine halbe Stunde nach Mitternacht freilich ist der Spuk vorbei. Reinigungsfahrzeuge kurven über das Kopfsteinpflaster. Die Fröhlichkeit verlagert sich auf den nahen Revolutionsplatz.

»Väterchen Frost« kommt von der »Morgenröte«

Jahreswechsel in Moskau ist westliches Silvester, Fasching und Weihnachten zugleich. In der Stadt stehen riesige Tannenbäume, geschmückt mit Glitter und Flitter, in den Geschäften hängt Lametta von der Decke. Bunte Leuchtschriften blinken allenthalben gute Wünsche zum neuen Jahr an die »teuren Genossen«.

Straßen sind mit Lichterketten und Fahnen geschmückt. Familien versammeln sich, Sekt und teurer Wodka fließen trotz Anti-Alkoholkampagne in Strömen. Es werden Toasts auf das vergangene und das neue Jahr ausgebracht.

Populär ist das Lesen aus dem Kaffeesatz, um zu sehen, was die nächsten zwölf Monate bringen werden. Es ist Brauch, um Mitternacht, beim ersten Glockenschlag, einen persönlichen Wunsch auf einen Zettel zu schreiben. Damit er sich erfüllt, muß das Papier bis zum letzten Fetzen verbrannt sein, die Asche mit einem Schluck Sekt heruntergespült werden.

Ein Feuerwerk, das Soldaten zu allen möglichen Gelegenheiten, etwa zum Tag der Panzerfahrer am 14. September an verschiedenen Stellen der Stadt abbrennen, gibt es nicht. Dafür darf eine Fichte im Zimmer nicht fehlen. Der kleinste Baum kostet 80 Kopeken, der teuerste, zehn Meter hoch, rund 120 Rubel. Soviel verdient manch ein Russe nicht einmal im Monat. Oft herrschen Nachschubschwierigkeiten bei den Bäumen. Die Moskauer stehen dann stundenlang in bitterer Kälte, um ein halbwegs anständiges Gewächs zu bekommen. Manche holen es sich mit Erlaubnis des Försters aus dem Wald.

Wer ohne Genehmigung zur Säge greift, riskiert hohe Geldstrafen und sogar Gefängnis. Jüngst sorgte sich eine Zeitung, die geschlagenen Lücken seien nicht mehr zu schließen. Ihre Alternative: Plastikbäume.

Wie im westlichen Europa zum Heiligen Abend, beschenken sich die Moskauer zu Neujahr. Im »Kinderwelt« drängen sich bis zum Geschäftsschluß Tausende auf der Suche nach Geschenken.

Auf den Gabentisch kommen Plüschtiere, Ski, Flug- und Schiffsmodellc zum Selberbasteln, der Atomeisbrecher »Leonid Breschnew« zum Beispiel, aber auch Plastik-

Maschinenpistolen, Kanonen und batteriebetriebene Panzer.

Für die Bescherung können sich die Moskauer für rund drei Rubel »Väterchen Frost«, den atheistischen Weihnachtsmann, mieten. Er ist Mitarbeiter der Dienstleistungsbehörde »Morgenröte«.

Alfons, Katja und das KGB

Ein anderes Gewerbe ist unter den Moskauern immer wieder beliebtes Gesprächsthema, und die Zeitungen *Sowjetskaja Rossija* und *Moskauer Komsomolze* bestätigten kürzlich sogar erstmals seine vom Staat verbotene Existenz: die Schönen der Nacht mit ihren Beschützern, die bei den Hauptstädtern »Alfons« heißen. Die Mädchen selbst werden »Katja« genannt – zum einen, weil die Kaiserin Katharina II. ebenfalls Männer sehr liebte, zum anderen, weil auf dem zaristischen 100-Rubel-Schein Kaiserin »Katja« abgebildet war – und 100 Rubel kostet solch eine Nacht.

Rund 3500 Prostituierte sind offiziell registriert – im Alter von 14 bis 70. Manch Ältere stellen sich schon für ein wenig Alkohol zur Verfügung. Und weil es Prostitution in der Sowjetunion lange Zeit offiziell gar nicht gab, war sie auch nicht strafbar. Nun sehen neue Gesetze schwere Strafen für die leichten Mädchen vor: Wen die Polizei zum erstenmal schnappt, muß 100 Rubel zahlen, Wiederholungsfälle kosten das Doppelte.

In den Bars der Ausländerhotels »National«, »Menschdunarodnaja«, »Intourist« oder »Kosmos« gehen die »nächtlichen Jägerinnen« *(Moskauer Komsomolze)* ihrem Gewerbe ganz offen nach, umgirren Touristen und Geschäftsleute, um mit ihnen gegen eine Gebühr von 100 Dollar oder mehr die Nacht zu verbringen. Dabei haben nicht selten unauffällig gutgekleidete junge Herren ein Auge auf die ersten Kontakte.

Moskauer vermuten, daß dies Agenten des KGB sind, die nach Bedarf mit Hilfe der Mädchen Informationen einholen oder die Kunden auch mal in prekäre Situationen hineinmanövrieren können. Dafür haben die Damen Zugang zu den Hotels und dürfen westliche Währung besitzen.

Ein Teil der Valuta geht freilich für teuren Fummel drauf, die Prostituierten sind gekleidet wie Modelle von Cardin. Nicht selten handeln sie untereinander Kleider und Blusen für 600 bis 1000 Rubel.

In der eigentlich nur für Westler zugänglichen Diskothek des Hotels »Kosmos« verschwindet Kommissar Alfons ungeniert in den Hinterräumen. Mancher fällt durch seltsame Utensilien auf: Selbst im Schummerlicht der nach westlichem Vorbild eingerichteten Disko bleibt der Regenschirm immer in der Nähe – Anlaß zur Vermutung, daß im Parapluie ein Mikrophon verborgen ist.

Auf der Tanzfläche spielen sich schon mal Szenen ab, die der Tourist nur vom Kiez gewohnt ist. So entbrennt eines Nachts unter den Neonröhren ein erbitterter Streit zwischen einem Mädchen und ihrem sowjetischen Begleiter, der ihr schließlich die Lippen blutig schlägt – kein Kellner wagt einzugreifen.

Die Polizei geht vor den Hotels und Restaurants nun öfter gegen die Damen vor. Zivilbeamte kontrollieren Ausweise, Verdächtige werden in Bussen zum 108. Revier gebracht.

Prostituierte arbeiten nicht nur in der Glitterwelt der internationalen Hotels. Kenner der Szene berichten, in den Warteräumen des Kasaner, Leningrader und Jaroslawler Bahnhofs am Komsomolskij-Platz bieten sich nachts als

Reisende getarnte Frauen an. Die Preise haben sie nach alter Sitte zuweilen auf die Schuhsohlen geschrieben.

Aber auch in Restaurants und Cafés versuchen Gelegenheits-Prostituierte Gäste zu überreden, mit ihnen »einen lustigen Abend zu verbringen«. Freund oder auch ein Taxifahrer, oft beides in einem, handeln den Preis aus. Zuweilen sind es Frauen, die selbst oder deren Partner alkoholsüchtig sind und so die nächste Flasche Wodka finanzieren wollen.

Der Studentenrat einer Hochschule bestätigte dem *Moskauer Komsomolzen*: »Wir haben solche ›Schönen‹, die in anderen Wohnheimen arbeiten.«

Für gehobene Kreise gibt es Callgirls, junge, oft verheiratete Frauen, die tagsüber in Büros, Krankenhäusern oder wissenschaftlichen Instituten ehrbaren Berufen nachgehen und nachts das Familienbudget aufbessern wollen.

Ihre Telefonnummer kursiert unter den Kunden, die eine Kontaktnummer, meist eine Freundin, anrufen müssen, um sich zu verabreden. Gefällt der Interessent, kommt das Geschäft zustande: Der Preis liegt zwischen 50 und 100 Rubel pro Nacht, ein beträchtlicher Teil eines durchschnittlichen Monatsgehalts.

Mangelware ist alles, was gut ist

In einem Hof vor dem Eingang der U-Bahn-Station »Kusnezkij Most« steht eine lange Schlange: Die Verkäuferin einer nahen Buchhandlung hat ihren Arbeitsplatz ins Freie verlagert. Hinter einem Tisch bietet sie Stendhals *Rot und Schwarz* an.

Auf der Straße haben sich, wie zufällig, Männer und Frauen angesammelt, alle mit schweren Taschen und Tüten beladen. Obwohl die Menschen eng zusammenstehen, wechseln sie kaum ein Wort. Ein Polizist auf der anderen Seite läßt sie zunächst nicht aus den Augen.

Als er sich entfernt, kommt Bewegung in die Gruppe. Die Menschen zeigen sich gegenseitig Zettel, auf dem sie Buchtitel notiert haben: Der Kusnezkij Most ist traditioneller Moskauer Umschlagplatz für Bücher – offiziell in den zahlreichen Geschäften, inoffiziell auf der Straße. Geht die Polizei zu aktiv gegen die Schwarzhändler vor, ziehen sie in andere Stadtteile um, bis die Miliz wieder aufmerksam wird.

Nicht selten stehen Hunderte von Menschen zusammen, die sich leise unterhalten, Zettel mustern, Koffer aufklappen, um einen Blick auf ihr Angebot zu gewähren.

Die Handelsobjekte sind in den wenigsten Fällen Dissidenten-Literatur, denn die Verbreitung vermeintlicher antisowjetischer Bücher wird streng bestraft. Vielmehr handeln die Moskauer »defizitnije« Werke, und Mangelware ist so ziemlich alles, was gut ist: Ins Russische übersetzte Autoren wie Alexandre Dumas, Jack London, Heinrich Böll, Günter Grass sowie russische und sowjetische Klassiker. Deren Werke sind oft nur in kleinen Auflagen gedruckt worden und kurz nach Erscheinen ausverkauft. Ein großes Kontingent geht aus unerfindlichen Gründen in die Ausländerläden und ist somit für die Mehrheit der lesehungrigen Hauptstädter nicht erreichbar.

Der Dichter Jewgenij Jewtuschenko beklagte sich auf dem Schriftsteller-Kongreß der Russischen Unionsrepublik im Dezember 1985: »Eins der verbrecherischsten Defizite ist der Papiermangel für jene Bücher, die unser Volk liest, während für langweilige pseudowissenschaftliche Broschüren die halbe Taiga abgeholzt wird.«

In den Buchhandlungen gibt es Bestellabteilungen, in denen sich die Moskauer über geplante Neuerscheinungen informieren und sie dann schriftlich ordern können. Zudem haben sie die Möglichkeit, in über 100 Geschäften offiziell zu tauschen.

Im Büchermagazin in der Kirow-Straße – gegenüber ist vor einer Imbiß-Stube Moskaus Hippie-Treffpunkt – hängen zum Beispiel über 200 Zettel mit Angebot und Nachfrage an der Wand. So bietet jemand F. Scott Fitzgeralds *Zärtlich ist die Nacht* und verlangt dafür eine zweibändige Ausgabe der Romane von Erich Maria Remarque.

Wer keine speziellen Wünsche hat, kann seine Bücher dem Geschäft verkaufen, das den Preis schätzt und für den Service 20 Prozent des Ankaufspreises einbehält. Dafür offeriert die Verkäuferin aus ihrem Fond dem Kunden eine Auswahl anderer Autoren.

Wer will, kann auch beim »Bukinist« Bücher erwerben. Bei ihm unterscheidet sich das Angebot kaum von dem westlicher Buchantiquariate – zaristische Gesetzestexte oder ins Russische übersetzte amerikanische und englische Detektiv-Broschüren aus den zwanziger und dreißiger Jahren.

In der Kirow-Straße kostet eine neunbändige Puschkin-Ausgabe vom Ende des vorigen Jahrhunderts 120 Rubel, Heinrich Heines *Deutschland – ein Wintermärchen* in deutscher Sprache, Ausgabe 1928, ist für zehn Rubel zu haben.

Einladung ins Orbit A

Die wohl populärste Zeitung der Metropole ist der *Moskauer Abend*, Zeitung des Moskauer Stadtparteikomitees und des Stadtsowjet, die dreihundertmal im Jahr mit einer Auflage von 640000 erscheint. Eine höhere Verkaufszahl ist nicht möglich: »Wegen Papiermangels«, heißt es.

Chefredakteur ist seit über 20 Jahren Semijon Indurskij,

ein 75jähriger kleiner, glatzköpfiger Mann, dessen Devise lautet: »Niemals Sensationen im westlichen Sinne«. Denn: »Unsere Menschen interessieren sich für andere Dinge.«

So bringt das Blatt, was nach seiner Ansicht die Leser wollen – internationale Politik (»Nein zu Atomwaffen«), Berichte aus Betrieben (»Wie die sozialen Probleme im Autokombinat Nr. 26 entschieden werden«), eine Spalte für Leserfragen (»Soll man bei hohem Blutdruck Zichorie trinken?«) sowie Sport und auf der letzten Seite Theater-, Kino- und Fernsehprogramm, Todesanzeigen von Parteimitgliedern und Inserate.

Das Möbelgeschäft 48 bietet zum Beispiel die Möbelgarnitur »Sputnik 7b« für 1344 Rubel an, und vom Leningrader Bahnhof, heißt es, fährt am Sonnabend um 5.28 Uhr der Sonderzug »Pilzsammler« ab, der Pilzliebhaber in die Wälder um Moskau transportiert.

Zudem gibt es auf der letzten Seite Stellenangebote. Das Moskauer Institut für Stahl und Legierungen gibt einen Auswahlwettbewerb für wissenschaftliche Mitarbeiter bekannt, die »Mittlere technische Berufschule Nr. 99« sucht Teilnehmer eines dreijährigen Lehrgangs für zukünftige Nähmaschinen-Mechaniker. Stipendium für Schüler mit achtklassiger Schulausbildung: 48 bis 56 Rubel monatlich.

Zweimal wöchentlich erscheint darüber hinaus eine Reklame-Beilage des *Moskauer Abend* mit Wohnungsinseraten und Verkaufsanzeigen sowie Werbung von Schneiderateliers (»Mäntel kurzfristig«) und Geschäften: »Wir laden Moskauer und Besucher der Hauptstadt ein, das Radiogeschäft ›Orbit A‹ zu besuchen.«

Ein Forschungsinstitut sucht, offensichtlich für seine Zahnpoliklinik, einen »importierten« Behandlungskomplex (»mit Sesseln«). Zudem werden Haushaltshilfen angeworben, Tauschangebote für Wohnungen gemacht, Datschen zu kaufen oder mieten gesucht.

Der *Moskauer Abend* bildet in jeder Ausgabe verdiente Arbeiter ab – als Vorbild für jeden Leser; Bildunterschrift: »Die junge Ärztin Swetlana Abalischina arbeitet in der Poliklinik Nr. 132 (Perowskij-Bezirk). Die junge Spezialistin wird im Kollektiv und von den Patienten geachtet.«

Unter der Rubrik »Ampel des Moskauer Abend« teilt die Verkehrspolizei mit, daß drei Jugendliche in der Isumrudnij-Straße gleichzeitig auf einem Moped gefahren seien. Einer fiel schließlich und »schlug mit dem Kopf auf den Asphalt«.

Fahrer Fadejew, Schüler der Polytechnischen Schule 57, flüchtete. Es stellte sich heraus, daß die jungen Leute das Gefährt geklaut hatten. Fazit der Polizei: »Wenn die Erwachsenen ... sie angehalten oder der Miliz das Geschehen mitgeteilt hätten, wäre das Unglück verhindert worden.«

Zahnklinik: Alles Nervensache

Sonntag nachmittag: Der Zahn schmerzt so stark, daß der Moskauer Verwaltungsangestellte Wladimir Kusnezow die Notklinik Nr. 50 in der Werchnjaja-Krasnosselskaja-Straße, nahe des Komsomolskij-Platzes, aufsucht. Am Eingang muß er Ausweis oder Arbeitsbuch vorzeigen, eine Krankenschwester fragt nach seinen Beschwerden. Die Behandlung ist kostenlos.

Dann teilt sie ihn für Zimmer 16 ein. Kusnezow nimmt auf einer Bank Platz, die in der Mitte einer großen Wartehalle steht. Ab und zu öffnet sich eine der vielen Türen, Patienten verlassen die Zimmer, andere gehen hinein, manche mit bis zur Unkenntlichkeit geschwollenen Gesichtern. Eine Arzthelferin trägt auf einem Tablett Spritzen durch den Raum.

Hinter der Tür zu Zimmer 16 tut sich nichts. Endlich

beschließt der geplagte Kusnezow hineinzuschauen. Eine Ärztin mit hoher weißer Haube sitzt am Fenster und liest. Sie bittet ihn freundlich, Platz zu nehmen.

Die Apparatur ist »importni« und sieht modern aus. Lediglich das Spülbecken ist verstopft mit blutigen Wattebällchen. Wladimir Kusnezow schielt mit Unbehagen auf die suppende Masse.

Die Ärztin will den Zahn ziehen. Kusnezow hat Einwände, der Zahn ist nach seiner Meinung noch zu retten.

Die Medizinerin schickt ihn zum Röntgen in einen anderen Raum, der gerade renoviert wird. Der Apparat steht noch inmitten von Bauschutt.

Das Röntgenbild gibt Kusnezow recht: Lediglich eine Wurzelbehandlung ist fällig. Der Mann muß aus dem Behandlungsstuhl, da die Ärztin in Zimmer 16 nur für Extraktionen zuständig ist. Sie schickt ihn zurück zur Anmeldung, wo sein Name von einer Kladde in eine andere übertragen wird.

Das zweite Behandlungszimmer ähnelt dem ersten: moderne Apparatur, verstopftes Spülbecken. Das Fenster zur Straße ist weit geöffnet, hin und wieder schauen besorgte Bürger, auf der Suche nach Angehörigen, hinein.

Die Behandlung ist schmerzhaft, obwohl der junge Arzt gekonnt vorgeht. Schließlich entscheidet er: »Betäubungsspritze«. Die liegt, bereits aufgezogen, in einem anderen Raum. Danach wankt Kusnezow wieder zurück in das Zimmer des Arztes.

In der Werksklinik wird die Behandlung einige Tage später fortgesetzt. Die Ärztin drückt Kusnezow schmerzstillende Mittel in den Wurzelkanal, während sie sich angeregt mit ihrer Kollegin unterhält, die an einem zweiten Stuhl plombiert.

Leider sammelt sich beim Patienten zuviel Speichel im

Kossygin-Str. 10: Hier wohnt Gorbatschow. In dem Häuschen rechts der Mauer stehen die Wachen.

KGB-Empfangsgebäude (Eingang)

Das berüchtigte Polizeigefängnis *Butyrka*

:ingang zum neuen KGB-Gebäude

eltene Ursprünglichkeit: einige der wenigen erhaltenen alten Holzhäuser in er Schumkin-Straße

Gegensatz alt und neu: Die alten Kaufmannshäuser werden nun nicht mehr reihenweise abgerissen – die Bürger dürfen sie in Eigeninitiative renovieren.

»Russian-Graffiti« an der Bulgakow-Gedenkstätte

Straßenszene aus dem Moskauer Proletarski-Bezirk: Kinder warten auf die Öffnung der »Kinderbücherei Nr. 87«.

Straßenszenen im Proletarski-Bezirk, weit abseits von der Touristen-Route

leisch-Verkauf im Gastronom-Laden am Wolgograd-Prospekt

ltes Gerber-Viertel in Moskau: Eine Werkhalle ist in ein altes Gutshaus ge-
ımmt worden.

Der Rote Platz

Nowospasski-Kloster im Proletarski-Bezirk. Hier liegen einige Mitglieder der letzten Zaren-Familie, der Romanows, begraben.

Flaschenabgabestelle im Proletarski-Bezirk

Eingang zum »Klub politischer Information«, in dem die Bürger aus der Umgebung u. a. Vorträge hören können.

Fast-food in Moskau: Kantine für Arbeiter u. Angestellte aus der Umgebung der Woronzow-Straße.

Pizzeria, in der die Gerichte den italienischen Originalen allerdings wenig gleichen. Abends wird der Laden zur Disco.

Der Maler Sergej Wolochow in seinem Atelier – vor dem Gemälde, das Rußland symbolisiert.

Für verärgerte Kunden: ein Beschwerdebuch für unzufriedene Moskauer Bürger

Hochzeitspaar auf den Lenin-Hügeln

Das alte Moskau: die Pjatnizkaja-Straße, abseits von der Intourist-Route

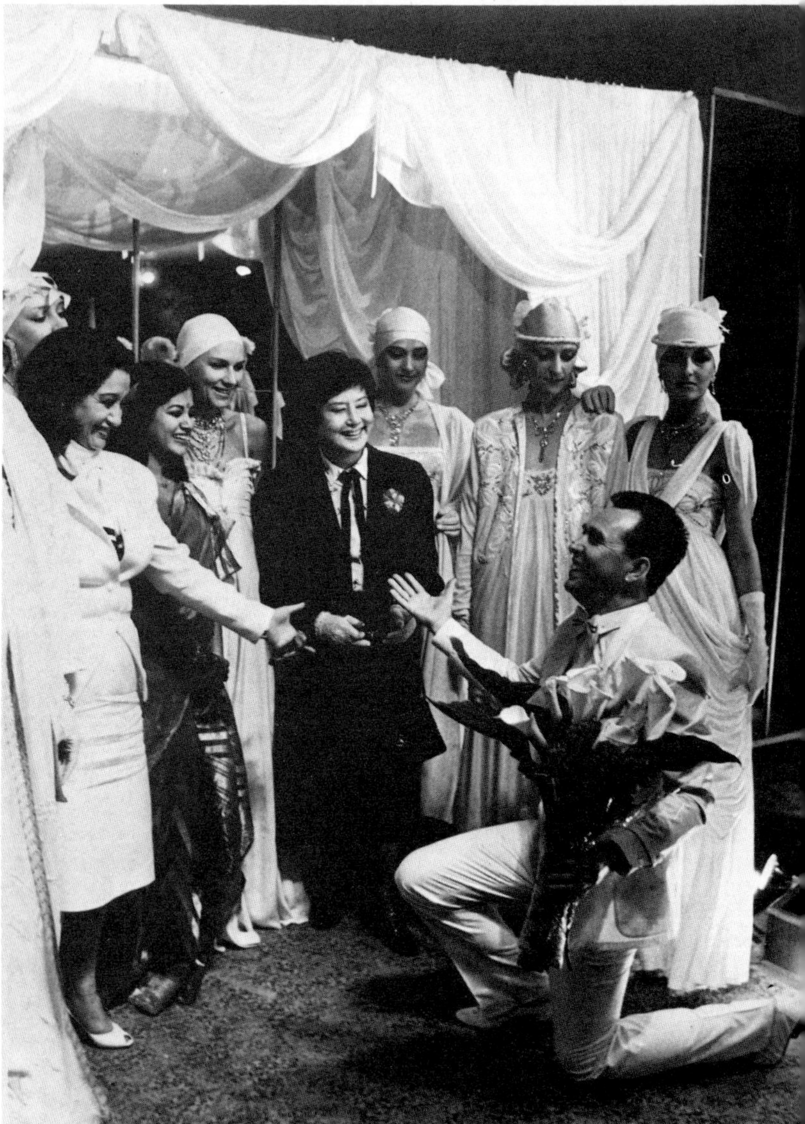

Modeschöpfer Wjatscheslaw Saizew mit Mannequins und Gästen

Rachen an, so daß die Medizinerin ihre Helferin bittet, den sonst nicht benutzten Sauger anzuschließen. Der gibt nach einer Weile den Geist auf.

Trotz mehrerer Sitzungen gelingt es der Ärztin nicht, den zweiten entzündeten Wurzelkanal vollständig zu heilen. Entnervt entläßt sie den erleichterten Kusnezow, der seinen Nerv behalten hat.

Ein Kreuz auf das Leichentuch

Vor dem Rogoschskoje-Friedhof im Süden Moskaus, wo es drei Gemeinden Altgläubiger gibt, haben sich rund 20 Leute versammelt.

Es sind Nachbarn, Kollegen und Freunde eines 54jährigen Chauffeurs, der einem Herzinfarkt erlag. Nach einigen Minuten trifft ein Bus mit dem Sarg und den nahen Verwandten des Verstorbenen ein.

Nachdem sie die Leiche vom Krankenhaus abgeholt hatten, waren sie zu seinem Wohnhaus gefahren, um ihn dort für kurze Zeit auf der Straße aufzubahren. So wird in Moskau noch heute nach altem Brauch den Mitbewohnern Gelegenheit gegeben, ihr Beileid zu bekunden.

Die Moskauer offenbaren dabei ein natürliches Verständnis zum Tod: Sie haben keine Scheu, eine Leiche zu zeigen, sie anzusehen oder zu berühren. Selbst Opfer von schweren Verkehrsunfällen, vom Sektionsgehilfen nur mühsam wieder zusammengeflickt, werden mitunter im geöffneten Sarg zur Schau gestellt.

Auch die Beerdigung des Chauffeurs ist für westeuropäische Verhältnisse unverkrampft. Die Trauergäste sind leger gekleidet, nur die engsten Verwandten tragen Schwarz. Eine Drei-Mann-Kapelle (Gebühr 55 Rubel für zwei Stunden) spielt Trauermusik.

Am Grab findet ein »traurni miting« statt. Kollegen des Verstorbenen berichten über seine Tugenden, ungehemmt fließen die Tränen. Dann spricht die Schwester zum Toten: »Wie sollen wir bloß leben ohne dich?«

Mittlerweile kommt der Totengräber auf einem knatternden Motorroller angefahren. Die Hosen des Mannes sind schmuddelig, die Ärmel des karierten Hemdes hochgekrempelt. Auf den Spaten gestützt, gibt er Anweisungen: »So, jetzt könnt ihr die Blumen hinlegen.«

Auf das Leichentuch, so schlägt er vor, könnte die Witwe noch ein Kreuz mit Sand streuen, bevor der Sarg geschlossen werde – »den Querbalken von rechts nach links«. Dann nagelt er mit kräftigen Schlägen den Sarg zu. Als der aus Platzgründen schräg in der Erde versinkt, erklingt Chopins Trauermarsch. Eine solche Beerdigung kostet 14,50 Rubel, für Särge müssen zwischen 34 und 85 Rubel gezahlt werden.

Die Witwe lädt nach der Zeremonie alle Anwesenden zur »Erinnerung« an den Toten ein. In der Wohnung wird die Trauer mit Wodka betäubt, in Trinksprüchen der Tote gepriesen.

»Hau doch ab!«

Der neue Stadt-Parteichef Boris Jelzin räumt auf

Der Mann, bullig und grauhaarig, stand in der Schlange vor der Fleischabteilung des Lebensmittelgeschäfts »Gastronom Nummer 1« in der Moskauer Gorkistraße, im Volksmund – nach dem früheren Besitzer – immer noch »Jelissejew« geheißen. Als er an der Reihe war, verlangte er ein Kilo Kalbfleisch.

Die Reaktion der Verkäuferin in dem Laden, dessen Interieur noch aus der Zarenzeit stammt, war negativ: »Kalbfleisch haben wir nicht.« Auch der vom Kunden herbeigerufene Chef beteuerte, das Gewünschte sei nicht im Angebot.

Daraufhin zog der Mann ein kleines rotes Büchlein aus der Brusttasche seines Jacketts und wies sich aus: Boris Jelzin, Chef der Kommunistischen Partei der sowjetischen Hauptstadt. Vor seinem Einkaufsbummel hatte er sich kundig gemacht, welche Geschäfte an diesem Morgen mit Kalbfleisch beliefert worden waren.

In seinem Dienstzimmer gestand der Verwalter des »Gastronom Nummer 1«, die Ware sei gegen Aufpreis durch die Hintertür verkauft worden.

Diese Geschichte kursiert derzeit (Frühjahr 1987) in Moskau und ist vermutlich wahr: Der neue Parteichef der Neun-Millionen-Stadt macht durch seine unkonventionelle Art von sich reden – er krempelt die Stadt um. Ein ZK-Funktionär: »So etwas haben wir hier noch nicht erlebt.«

Jelzin, Mitte Fünfzig, will die Hauptstadt des Sowjetreichs, Trägerin zweier Lenin-Orden und des Ordens der Oktoberrevolution mit neuen Methoden auf Vordermann bringen. Moskau soll, so das Selbstverständnis der Partei, ein Vorbild für andere sowjetische Gemeinwesen sein, eine Perle kommunistischer Kommunalverwaltung.

Vor Jelzins Amtsantritt im Dezember 1986 galt die Stadt als Pfuhl für Korruption und Vetternwirtschaft.

Besonders offenkundig war die Unfähigkeit der Stadtoberen im Winter geworden, als die öffentlichen Betriebe sich zum wiederholten Mal unfähig zeigten, mit Schnee und Eis fertig zu werden.

Über eine typische Moskauer Verfehlung kam Jelzins Vorgänger Wiktor Grischin zu Fall. Die Behörden hatten über Jahre nicht fertiggestellte Wohnblöcke zum Einzug für die Mieter freigegeben. Die illegale Praxis war von oben gedeckt worden, weil sich so die Planziffern schönen ließen.

Das Resultat solcher Regierungspraxis war eine große Unzufriedenheit in der Bevölkerung mit negativen Folgen für die Arbeitsmoral und mithin für die Erfüllung der Pläne.

Kampf dem korrupten Handel

Auf einer Sitzung der Moskauer Parteiorganisation kritisierte Jelzin denn auch offen – ungewöhnlich für einen Nachfolger – die Politik seiner Vorgänger. Als Grischin sich wehrte, soll, so heißt es in Moskau, Parteichef Michail Gorbatschow eingegriffen haben, der den damaligen ZK-Sekretär Jelzin für das Amt vorgeschlagen hatte. Grischin möge sich doch, so sein Rat, auf den Straßen nach der Meinung der Bürger erkundigen. Die sei für ihn vernichtend.

Jelzins Ziel ist es nun, die Lebensqualität der Moskowiter zu erhöhen. Er verbot zum Beispiel alte, aber erhaltungswürdige Gebäude abzureißen, um das traditionelle, von den Moskauern geliebte Stadtbild zu bewahren.

Er kündigte an, das Gesundheitswesen gründlich zu verbessern, das durch überfüllte Krankenhäuser, mangelnde Ausrüstung, schlechte Ärzte und unterbezahlte Krankenschwestern in Verruf geraten ist. Zudem soll das unzuverlässige städtische Transportwesen in Zukunft besser funktionieren. Nicht selten kommen die Moskauer, vor allem im Winter, zu spät zur Arbeit, weil Busse und Straßenbahnen nicht pünktlich fahren.

Vor allem aber hat Jelzin dem korrupten Handel den Kampf angesagt. Waren, die in den zentralen Verteilerstellen morgens angeliefert werden, gelangen selten in die Geschäfte.

Geschäftstüchtige Lagerverwalter lassen sich die Auslieferung rarer Produkte von den Geschäftsführern extra bezahlen. Die wiederum finanzieren ihre Auslagen, indem sie die Produkte gegen Aufpreis durch die Hintertür losschlagen.

Weit verbreitet ist zudem die Praxis von Geschäftsführern, sich von ihren Untergebenen monatlich einen Obolus zahlen zu lassen – als Belohnung für eine Arbeitsstelle an der Quelle oft begehrter Waren. Folge: Die Angestellten versuchen, ihren Einsatz über die Kunden, etwa durch nicht korrektes Abwiegen, wieder hereinzuholen.

Der frühere Direktor des »Gastronom Nr. 1«, Jurij Sokolow, hatte auf diese Weise rund 300000 Rubel kassiert, wurde deshalb zum Tode verurteilt und 1984 hingerichtet. Die abschreckende Wirkung des Urteils hielt sich in Grenzen. Jelzin geht jetzt mit neuem Elan unerbittlich gegen korrupte Manager vor.

Einen Namen als Saubermann hatte sich der gelernte Ingenieur schon in der sibirischen Ural-Metropole Swerdlowsk gemacht, deren Partei er fast zehn Jahre führte. Auch dort kombinierte er Härte gegenüber schwachen Gefolgsleuten mit einem für sowjetische Verhältnisse ungewohnten Stil: Er trat im Fernsehen in Bürger-Diskussionen auf und beantwortete auch verwegene Fragen, etwa nach dem Fleischmangel in der Millionenstadt.

»Mir reichte es nicht an Mut«

Seit Parteichef Gorbatschow ihn nach Moskau holte, eine aufsehenerregende Beförderung, verkörpert Jelzin den neuen Sowjetfunktionär à la Gorbatschow: streng zu Untergebenen, doch dynamisch, weltoffen, selbstkritisch und volksnah.

Eindruck machte Jelzin auch im Ausland. Während des DKP-Parteitages in Hamburg beantwortete er als erster Sowjetpolitiker souverän Fragen zur Atom-Katastrophe in Tschernobyl – zu einem Zeitpunkt, als seine Genossen das Unglück noch verschweigen wollten.

Den Moskowitern hatte er schon imponiert. Auf dem XXVII. Parteitag übte er nicht nur harsche Selbstkritik an der Führung der eigenen Partei: »Es ist völlig berechtigt, das rückläufige Tempo der wirtschaftlichen Entwicklung in den letzten Planjahrfünften mit der Führung der Partei und des Staates in Verbindung zu bringen.« Als einziger unter den 5000 Delegierten nahm er auch die eigene Person nicht aus.

Jelzin: »Die Delegierten können mich fragen: Warum habe ich all das nicht schon auf dem XXVI. Parteitag gesagt? ... Ganz offensichtlich hatte ich damals noch nicht genügend Mut und Erfahrung.«

Moskau regiert er nun nicht nur von seinem Schreibtisch aus, auf dem nach alter Funktionärstradition – wie schon auf

Lenins Pult – eine Lampe mit grünem Schirm steht. Jelzin verläßt auch schon mal sein Büro, um an der Basis nach dem Rechten zu sehen.

Dabei kommt ihm zugute, daß kaum ein Moskauer den Mann mit der markanten Silberlocke kennt – sein Bild hängt noch nicht in den Ämtern. Hin und wieder, so berichten Szenen-Kenner, testet der Chef die Transportmittel und holt sich im morgendlichen Gedränge blaue Flecken. An jeder Bushaltestelle ließ Jelzin Leute postieren, die Ankunft und Abfahrt der Busse kontrollieren sollten.

Beim Besuch eines Kolchosmarktes versprach er Passanten, die Zahl der Zuwanderer zu begrenzen und bald ganz auf Null zu bringen – jener sogenannten »Limitschiki« aus dem Umland der Hauptstadt, die trotz strenger Zuzugssperre eine befristete Aufenthaltsgenehmigung erhalten, weil ihre Arbeitskraft dringend gebraucht wird. Diese Leute sind, ähnlich wie die Gastarbeiter in der Bundesrepublik, bei den Einheimischen nicht beliebt: Sie nähmen knappen Wohnraum weg und begingen häufig Straftaten, heißt es.

Wie er allerdings die Lücken füllen will, verriet Jelzin bislang nicht. Funktionäre hielten ihm schon vor, manche Betriebe könnten ohne die »Limitschiki« dichtmachen. Um das Stadtbild zu verschönern und mithin Laune und Arbeitsmoral seiner Bürger zu heben, ließ Jelzin eine Reihe von Straßencafés und Getränke-Verkaufsstände eröffnen. Zum erstenmal organisierten die Genossen 1986 sogenannte »Jarmarki«, auf denen Kolchosen und Handelsorganisationen aller Sowjetrepubliken ihre Waren verkauften: Melonen aus Usbekistan, Kaftane aus Tadschikistan, Nüsse aus Georgien.

Gleichzeitig lief ein buntes Beiprogramm mit Komikern, Gewichthebern, Tänzern. Arbeitskollektive aus den Textilfabriken veranstalteten Modeschauen unter freiem Himmel – den Moskauern gefiel es, wie der Andrang zeigte.

Unangemeldet suchte Jelzin eine Reihe von örtlichen Parteichefs auf, um über Probleme der 32 Bezirke der Hauptstadt zu sprechen. Die Führung ist zum Beispiel über die steigende Zahl der Wohnungseinbrüche besorgt. Bei seinen Gesprächen, so berichtete er später Genossen, habe er festgestellt, daß einige der Funktionäre noch nicht einmal ihre zuständigen Polizeichefs persönlich kannten.

Protest gleich kübelweise

Die Faulen und Unfähigen will Jelzin mit der Zeit versetzen oder feuern. Bislang hat er freilich Probleme bei der Kadersuche, wie er eingestanden haben soll: Er kenne noch nicht genug zuverlässige Leute in Moskau, die er auf wichtige Posten hieven könne.

Jene Genossen, die vor ihm bestehen, möchte der Sibirjak auch bescheidener machen. Er selbst verblüffte in den ersten Tagen seiner Amtszeit seine Mitarbeiter, als er sich in der Kantine für die Angestellten in die Schlange zum Essenfassen einreihte und sich nicht, wie sein Vorgänger, zur Mittagszeit in einem Extraraum für höhere Parteikader servieren ließ. Allen seiner Parteiorganisation angehörenden Moskauer Behördenchefs, also auch allen Ministern, bedeutete er, er erwarte von ihnen, damit die Partei nicht an Glaubwürdigkeit verliere, korrektes Verhalten. Denn viele Mitglieder hätten sich bei ihm über ungerechte Privilegien höherer Genossen beschwert.

Er kritisierte die Vetternwirtschaft an der Diplomaten-Akademie. Die meisten Studenten, so Jelzin, seien Kinder von Ministerialbeamten.

So mancher Funktionär, gewohnt an ruhige Gangart

während eines mit Vergünstigungen gepolsterten Arbeitslebens, rebelliert mittlerweile. Auf einer Veranstaltung für Propagandisten der Hauptstadt mußte Jelzin sich aus dem Publikum den Vorwurf anhören, er genieße selbst alle Vorzüge der Oberschicht, dürfe etwa in Sonderläden westliche Textilien kaufen.

Jelzin zeigte daraufhin die Innenseite seines Jacketts – heimische Produktion aus Swerdlowsk; auch seine Schuhe seien keine Importware.

Dann offenbarte er den verdutzten Zuhörern selbst, daß er viel Widerstand aus den eigenen Reihen zu spüren bekomme. Seine Kanzlei, berichtete er, erreiche Protest gleich kübelweise, und nicht immer anonym. Einer habe ihm folgenden Rat gegeben: »Hau doch ab, woher du gekommen bist, du sibirischer Holzkopf, wir brauchen dich hier nicht.«

»Ich bin bis in die Tiefe meiner Seele gekränkt«

Ehe und Familie, die Fundamente des Sowjetstaates, stecken in einer Krise

Als die Moskauerin Soja ihren Sergej traf, war sie 23 und er eine tolle Nummer. Der Sportler sah gut aus, reiste mit seiner Volleyball-Mannschaft häufig ins Ausland, brachte schicke Fummel mit – Soja, die Lehrerin, schwebte im siebten Himmel.

Nun ist das Glück vorbei. Sergejs Sportlerkarriere ist zu Ende, aus ihm ist, wie Soja empfindet, ein langweiliger Akademiker geworden, der auch in der Freizeit nur über den Büchern hockt.

Sie dagegen will mit Tanz und Tollerei das Leben genießen. Ein Kind zu bekommen, lehnt sie deshalb vorerst ab, was ihr Mann nicht verstehen kann.

Eine gemeinsame Wohnung haben die beiden nicht. Das sowjetische Gesetz versagt sie ihnen, da die Domizile der Eltern so groß sind, daß sie dort in einem Zimmer unterkommen können. Über Beziehungen oder Bestechung ein eigenes Heim zu organisieren, lehnt Sergej prinzipiell ab. Seine Soja wertet dies als mangelndes Interesse an ihr.

Jüngst entlud sich der schwelende Konflikt in einem Gewitter: Er ertappte seine lebensfrohe Frau mit einem fremden Mann vor der Haustür und schlug dem vermeintlichen Nebenbuhler die Nase blutig. Seitdem sprechen die beiden nur noch selten miteinander. Ihre Entscheidung steht fest: »Wir lassen uns scheiden.«

Die Szenen einer Moskauer Ehe sind typisch für das ganze

Land. Im Schnitt scheitert derzeit jede dritte Verbindung. Die UdSSR steht damit weltweit – nach Schweden und den USA – an dritter Stelle in der Scheidungs-Statistik.

Es knirscht und kracht

In den europäischen und sibirischen Städten geht gar jede zweite Partnerschaft in die Brüche. In Brest etwa trennten sich 1984 von 1720 Paaren 800, in Moskau werden im Schnitt jährlich 68 von 100 Ehen geschieden (Hamburg: 52 von 100).

Die Funktionäre der Partei notieren es mit Schrecken: Die propagandistisch gefeierte Institution Familie steckt in einer tiefen Krise, geprägt von einer hohen Scheidungs- und einer niedrigen Geburtenrate. Der Bevölkerungsexperte Wiktor Perewedenzew: »Die junge Familie von heute ist voller Konflikte, unstabil und klein.«

Das klingt wie ein Offenbarungseid. Denn wie konservative oberbayrische Katholiken hält auch die KPdSU das Banner der heilen und heiligen Familie hoch.

Die Familie, so heißt es in den offiziellen Schriften der Partei, sichere das persönliche Glück des Menschen und die Erziehung der jungen Generation. Das von Ausbeutung freie sozialistische System sorge dabei für ideale Bedingungen.

Nicht so im Kapitalismus: Dort drücken »ökonomische, moralische und politische Widersprüche« – so die *Große Sowjet-Enzyklopädie* – auf die Verbindung von Mann und Frau, an der die Familie zerbricht.

Schuld daran, daß es nun auch im kommunistischen Familien-Verband knirscht und kracht, ist ein Wandel der Sowjet-Gesellschaft: Immer mehr Bürger leben in der Anonymität der Städte, wo es rauh zugeht und es einsam ist, wo die menschliche Wärme fehlt und die Tradition des russischen Dorfes nicht mehr existiert, die einst für Zusammenhalt sorgte – und für bessere Kontrolle. Schuld sind auch mangelnder Wohnraum, sexuelle Probleme, Trunksucht – im schlimmsten Fall kommt alles zusammen.

Eine eigene Wohnung steht nur Ehepaaren mit Kind zu, wenn auch nur theoretisch, denn die Wartelisten sind lang. Forscher Perewedenzew macht bei der Hälfte junger Eheleute als Konfliktstoff eine »scharfe Wohnungsnot« aus.

In der sibirischen Öl-Stadt Neftejugansk zum Beispiel leben von 400 bei der örtlichen Ölproduktionsgenossenschaft beschäftigten Partnern fast 200 getrennt in Mehrbettzimmern von Wohnheimen. In Moskau müssen 60 Prozent der Jungvermählten ihren Wohnraum mit den Eltern teilen. Streit ist programmiert.

Bei einer Umfrage in Brest gaben jüngst 31 Prozent der Frauen und 23 Prozent der Männer Trunksucht des Partners als Scheidungsursache an. In Moskau verläßt nach Auskunft der Standesbeamtin Sofja Kulajewa fast die Hälfte der Frauen ihren Mann, weil der ein notorischer Trinker ist.

Zum Beispiel die Philosophin Lena, 27, die seit drei Jahren mit Söhnchen Sascha, 7, allein lebt. Schon kurz nach der Hochzeit hatte ihr Mann zu trinken begonnen: Das gehört nach der Volksmeinung eben zu einem echten Russen. Zu Hause häuften sich die Szenen. Als Lena auch mal Schläge einsteckte, entschied sie resolut: »Für Saschenka ist es besser, keinen Vater zu haben als einen betrunkenen.« Inzwischen ist sie geschieden.

Möglicherweise hätte die hübsche Moskauerin die Schwäche ihres Mannes auch vorab erkennen und Unglück verhüten können. Doch wie viele jungen Frauen prüfte sie nicht gründlich, bevor sie sich band.

Romantische Liebe, Honigmonat und dann der graue Alltag

Sowjetische Meinungsforscher fanden heraus, daß viele junge Leute zwar vor der Hochzeit miteinander ins Bett gehen, die Beziehung gleichwohl eher oberflächlich bleibt. Sie unterhalten sich lediglich über Mode, Filme und Stars. Fragen nach den Prinzipien und Wertvorstellungen des Partners, nach seinen Auffassungen und Wünschen bleiben unausgesprochen.

Eine Moskauer Eheberaterin: Wie ihre Vorbilder aus der klassischen Literatur heirate die Jugend meist aus »romantischer Liebe. Und das ist in der heutigen Welt meist ein Fehler.«

Denn kaum sei der »Honigmonat« (russsich für Flitterwochen) vorbei, kaum habe das Paar mit Alltagsschwierigkeiten zu kämpfen, kriselt es schon – Konflikte zu bewältigen habe die Jugend nie gelernt.

Die Gewerkschaftszeitung *Trud* beschrieb den Verlauf einer solchen Beziehung: Die Moskauer Marina und Wladimir bewohnten ein Zimmer in der Wohnung der Eltern Marinas. Die erledigten die Einkäufe, putzten die Wohnung, wuschen die Wäsche – das junge Paar hatte viel Zeit für sich.

Doch als Marina ein Kind bekam, waren die jungen Leute überfordert. Schließlich ließen sie es bei der Oma und zogen davon: auf der Suche nach sich selbst. Zwischen dem jungen Ehepaar gab es immer häufiger Krach. Wladimir verlor den Halt und wurde schließlich als Herumtreiber aus Moskau verbannt. Nach der Scheidung verschwand auch Marina.

Kommentar eines Jugend-Staatsanwalts, von der Großmutter wegen ausstehender Alimente Wladimirs eingeschaltet: »In unserer Praxis haben wir viel schlimmere Fälle.«

Für die jungen Sowjets ist es freilich schwierig, vor der Ehe ihre Beziehung ausgiebig zu testen – es fehlt an Platz und Gelegenheit.

Viele Jugendliche haben kein eigenes Zimmer, auch in Studentenheimen nicht. Dort sind gegenseitige Besuche nach 23 Uhr nicht erlaubt. Wer dennoch bei seinem Partner unter die Decke schlüpft, riskiert Entdeckung durch nächtliche Kontrollen und den Verlust des Studienplatzes.

An eine im Westen übliche Ehe auf Probe ist unter diesen Umständen nicht zu denken. Eine Beziehung beginnt in vielen Fällen erst richtig auf dem Standesamt, dem »Sags«.

Ab 18 Jahren darf geheiratet werden. Gebühr: 1,50 Rubel. Mendelsohns Hochzeitsmarsch vom Tonband bei der Trauung inklusive. Wer eine Kapelle will, zahlt vier Rubel mehr.

Damit sich das Paar auch goldene Ringe leisten kann, schießt der Staat pauschal pro Ring 100 Rubel zu. Für das Brautkleid erhält es einen Berechtigungsschein zum Einkauf in einem der Spezialläden für junge Brautleute.

Nicht selten ist ein Umstandskleid fällig: Das Kind soll einen Vater haben, denn auch in der Sowjetunion riskieren ledige Mütter ihren Ruf. In der Millionenstadt Perm im Ural ermittelte Experte Perewedenzew, daß von 1000 schwangeren Frauen allein 271 erst rund einen Monat vor der Entbindung heirateten.

Sexualität auf Kindergarten-Niveau

Muß-Ehen sind nach Ansicht sowjetischer Wissenschaftler häufig zum Scheitern verurteilt, zumal frühe intime Kontakte unter der Sowjet-Jugend noch lange nicht Harmonie in der Ehe bedeuten. So paradox es klingt: Obwohl der Nachwuchs vor der Hochzeit heutzutage weit mehr sexuelle

Erfahrungen sammelt als ehedem die Altvorderen, zerbrechen rund 40 Prozent der Ehen, weil es im Bett nicht klappt.

Von 500 Paaren gaben bei einer Befragung 300 sexuelle Probleme zu, die bei vielen »kritische Situationen« in der Ehe auslösen. Einen Grund nennt der Sexologe Igor Kon: »Viele junge Ehepaare . . . verfügen nicht einmal über elementare physiologische Kenntnisse.«

Sexualität in der Schule, so Kons Kollege Perewedenzew, werde auf »Kindergarten-Niveau« behandelt. Sexualkunde gehört bislang nur in den baltischen Sowjet-Republiken zum Unterricht.

Schuld sind vor allem Eltern und Lehrer, für die das Thema Sex tabu ist, wie zur Zaren-Zeit. »Gespräche über solche Themen«, sagt Kon, »schocken Kinder wie Eltern.« Von 100 Leningrader Müttern klärt in der Regel nur ein Drittel ihre Kinder auf, die Väter halten sich bei diesem Thema ganz heraus. Gute Aufklärungsbücher sind in der Sowjetunion selten.

In jüngster Zeit geschaffene Kurse wie »Ehe und Familie« sind häufig nicht auf die Bedürfnisse der Jugendlichen zugeschnitten, die Lehrer selbst fühlen sich unsicher. In der Frage des Geschlechtslebens, so der Moskauer Arzt Rotislaw Beljeda, herrsche noch eine »Atmosphäre lügenhafter Scham« – für eine gute Ehe fehlt den Russen ein Oswalt Kolle.

Die Konsequenz mangelnder Übereinstimmung im Schlafzimmer ist meist die Suche nach neuen Partnern und schließlich die Trennung.

Die Scheidung ist in der Sowjetunion eine kurze Prozedur. Sind die Partner einverstanden und ist kein Kind vorhanden, dauert sie im Standesamt höchsten seine halbe Stunde. 100 Rubel Gebühren sind vorab an die Staatskasse zu überweisen. Standardformel für die staatlich sanktionierte Trennung: »Unverträglichkeit der Charaktere«.

Sind Kinder da, wehrt sich ein Partner gegen die Trennung oder ist die Vermögensverteilung umstritten, so befindet ein Familiengericht. Zuweilen legen die Juristen ihrer Klientel nahe, es noch einmal miteinander zu versuchen, manchmal schieben sie auch den Gerichtstermin hinaus, wenn sie den Eindruck haben, die Partner könnten doch wieder zueinanderfinden. Ablehnen dürfen die Richter den Scheidungswunsch jedoch nicht. In der Regel verurteilen sie den Mann, die Alimente (bei einem Kind ein Drittel des Lohns) und die Kosten des Verfahrens (bis zu 200 Rubel) zu übernehmen.

»Wir müssen titanische Anstrengungen unternehmen«, sagte der Kirower Wissenschaftler Wiktor Rodin, »um zu verhindern, daß gerade geschaffene Ehen wieder auseinandergehen.«

Offene Gespräche für zwei Rubel

Die Genossen versuchen bereits eine ganze Menge – von der Propaganda bis zur Psychologie. Um die Institution der Familie moralisch zu stärken, veranstaltete ein Betrieb im sibirischen Irkutsk »Feiertage der sowjetischen Familie«, mit Vorträgen und Filmen. Das »beste Eltern-Kollektiv« erhielt einen Preis.

Problembewußter gingen die Moskauer zu Werke. Sie richteten ein Vertrauenstelefon ein für Bürger, die ihre Partnerkonflikte allein nicht mehr bewältigen können. Ausgebildete Psychologen und Eheberater geben den Betroffenen, die anonym bleiben, Rat.

Jüngst organisierte die Stadtverwaltung ein Filmfestival unter dem Motto »Familie, Zeit und Gesellschaft«. Bei der

Eröffnung im Kinotheater »Stoßarbeiter« hatten ein Psychologe, ein Jurist und eine Kosmetikerin einen Beratungsstand aufgebaut.

Die Abteilung für »Familie und Ehe« in der Moskauer Stadtverwaltung veranstaltet regelmäßig »offene Gespräche über die Ehe«. Dort können sich Brautleute und Jungvermählte an zwei Abenden für zwei Rubel über die »moralisch-psychologischen Grundlagen der Familienbeziehung« und über die »Vorbeugung von Konflikten in der jungen Familie« informieren.

Im Wohnzimmer-Ambiente der Beratungsstelle in der Pjatnizkaja-Straße erfahren sie zum Beispiel, wie wichtig es für die Ehefrau ist, Komplimente zu hören und wie entscheidend es für den Ehemann ist, daß seine Frau nicht ständig keifend in Lockenwicklern und Morgenmantel herumläuft.

Von einem Mediziner lernen sie, daß Höchstleistungen beim Sex nicht erforderlich sind und daß die Größe des männlichen Geschlechtsteils für eheliche Harmonie nicht entscheidend ist. Wer Ehekrisen vermeiden wolle, solle keinesfalls den Beischlaf als Mittel von Bestrafung oder Belohnung einsetzen.

Indes: Nicht alle Beratungsstellen sind kompetent besetzt. Ratsuchende und Therapeuten drängen sich oft in kleinen Räumen. Häufig wollen Biologen, Physiker oder, wenn man Glück hat, Hals-Nasen-Ohren-Ärzte helfen, weil es in der UdSSR an Psychiatern und Psychologen mangelt.

Weniger Scheidungen wären freilich erst die Hälfte des Weges zur perfekten sowjetischen Familie. Auch die funktionierenden Ehen bereiten den Staats- und Parteifunktionären zunehmend Sorgen.

Denn die Jung-Bürger erfüllen ihre, von der KPdSU zugedachte Aufgabe nur noch mangelhaft: Kinder in die Welt zu setzen und zu erziehen und so den Fortbestand des sozialistischen Vaterlandes zu sichern.

In den europäischen Sowjet-Republiken bekommen Eheleute in der Regel nur noch ein Kind, höchstens zwei. In Estland erblicken jährlich auf 1000 Einwohner lediglich 16 Kinder das Licht der Welt, in der Russischen Föderation sind es lediglich zwei mehr.

Die Frauen in Zentralasien sind weitaus kinderfreundlicher. Turkmenen und Tadschiken zum Beispiel gebären je 1000 Bürger 35 beziehungsweise 38 Kinder (Bundesrepublik Deutschland 9,5, USA 15).

Bleiben die Sowjet-Europäer, also Balten, Ukrainer, Russen und Belorussen, so abstinent, dann werden sie, so fürchten die Kreml-Herren, bald in die Minderheit geraten. Eine Sowjetunion, in der die Asiaten die Mehrheit stellen, ist der Alptraum nationalstolzer Russen, die das Sagen haben in Partei und Staat und es auch behalten wollen.

Trotz Orden keine Kinder

Gefürchtet sind aber auch die wirtschaftlichen Folgen: Bereits in diesem Planjahrfünft sinkt die Zahl der Bürger im arbeitsfähigen Alter laut *Iswestija* um eine Million.

So predigen Propagandisten und Agitatoren derzeit unermüdlich: Wenn sich die russische Gesellschaft reproduzieren wolle, müßten mehr Kinder her. »Die Gesellschaft«, fordert Wiktor Perewedenzew, »braucht das dritte Kind.« Unter den bestehenden Bedingungen des realen Sozialismus dürfte dies jedoch schwierig werden. Schier unüberwindlich scheinen die Alltagsschwierigkeiten für Eltern mit Kindern. Das Bild vom kinderfreundlichen Sowjet-Staat

(Parole: »Partei, wir danken dir für eine glückliche Kindheit«) ist für viele Bürger längst verblaßt.

Zwar preist die Partei Familien mit viel Nachwuchs und verleiht sogenannten Heldenmüttern Orden, doch in der Praxis läßt das Regime vor allem die Frauen in ihrer dreifachen Belastung – Beruf, Haushalt, Kindererziehung – allein. »Wieviel Arbeit auf unseren Schultern liegt«, sagt die 39jährige Bauingenieurin Olga Wolkowa, Mutter von fünf Kindern, »ist unbeschreiblich.«

Täglich schleppt sie die Einkaufstaschen fünf Etagen hoch; Fahrstühle werden nur in höhere Gebäude eingebaut. Jüngst kündigte sie ihre Stelle, weil sie ohnehin nur einige Tage im Monat auf der Baustelle erschien und sie es fairer fand, ihren Platz für einen anderen Werktätigen zu räumen: Fast immer war eines der Kinder krank.

Materiell sieht es nun nicht mehr so gut aus – trotz staatlicher Zuschüsse. Für jedes Familienmitglied stehen im Monat 40 Rubel zur Verfügung. »An einen Farbfernseher ist vorerst nicht zu denken.«

Was Frau Wolkowa aber am meisten verbittert, ist die Gleichgültigkeit der Mitmenschen. Sie muß sich in den Geschäften beim Anstellen nach Waren einreihen, ein Recht auf einen vorderen Platz in der Schlange hat sie in ihrer Stadt nicht.

Als sie um eine Wohnung in einer tieferen Etage bat, lehnte die Verwaltung kühl ab. Dabei hatte die Familie gar nicht um ein größeres Quartier (derzeit 46 Quadratmeter Wohnfläche) gebeten, sondern nur auf Erleichterung beim Treppensteigen gehofft. Olga Wolkowa: »Ich sage es offen: Ich bin bis in die Tiefe meiner Seele gekränkt.«

In den Chor empörter Frauen, die sich weigern, unter solchen Verhältnissen mehr als ein oder zwei Kinder in die Welt zu setzen, stimmen derzeit viele Sowjet-Frauen ein.

Früher, so berichtete eine anonyme Autorin im *Moskauer Komsomolzen*, habe sie mit ihrem Mann »von einem Haus voller fröhlicher Kinderstimmen geträumt« – der Wunsch sei ihr nach der Geburt des ersten vergangen.

Die mühsam aufgetriebene Wattedecke für das Baby war zu klein: Säuglinge, größer als 54 Zentimeter, sind in der Planwirtschaft nicht vorgesehen. Auch der Kinderwagen erwies sich als zu eng. Es kostete die junge Familie zwei Wochen Rennerei, um einen größeren zu ergattern. Der paßte freilich nicht in den genormten Lift. Abstellplätze für das Gefährt sind nicht eingeplant, weder im Hausflur noch vor der Säuglingsberatungsstelle.

Die geplagte Mutter hatte noch einige Schwierigkeiten ausgelassen: Mit einem Kinderwagen öffentliche Verkehrsmittel zu benutzen, ist nahezu unmöglich. In der Metro ist es zu voll, die langen Rolltreppen sind für Baby-Transporte lebensgefährlich, in den Bussen gibt es für Kinderwagen keinen Sonderplatz. Bestimmte Kleidungsstücke sind »defizitnyje«, nicht vorhanden. In vielen Orten der UdSSR gibt es zeitweise nur Trockenmilch, Wegwerfwindeln sind in den Läden noch nie aufgetaucht.

Kaum ein Kind hat wie westliche Gleichaltrige ein eigenes Zimmer, für viele gibt es keine Krippen- oder Kindergartenplätze. Die Wohnungen sind zu klein, um sich frei entfalten zu können, praktische Einbauschränke fehlen oft.

Die Babuschkas fallen aus

Über den alltäglichen Streß einer berufstätigen Mutter berichtet eine Ingenieurin aus Iwanowo bei Moskau:

Der Einjährige hat Temperatur ... Ich lege ihn schlafen und renne auf die Straße zum Telefon. Das erste funktioniert überhaupt nicht, das zweite antwortet nicht, das dritte schluckt nur Zwei-Kopeken-Stücke, vor dem vierten steht eine lange Schlange, das fünfte, einen Kilometer von unserem Haus entfernt, ist frei. Die Poliklinik rufe ich nicht an, da komme ich sowieso nicht durch. Ich rufe meine Arbeitsstelle an und bitte Olga, einen Arzt zu holen... Und nach der Ankunft des Arztes muß ich schon wieder anrufen: die Apotheke, um zu fragen, wo ich das benötigte Medikament bekommen kann...

Rußlands traditionelle Universal-Hilfe für Haushalt und Kindererziehung, die »Babuschkas«, die Großmütter, fallen zunehmend aus. Die Mütter der heutigen Eheleute haben meist noch nicht das Rentenalter erreicht. Nach einer Umfrage war nur eine von fünf Großmüttern bereit, nach der Geburt des Enkels Stelle und Verdienst aufzugeben.

Oder die Babuschkas leben zu weit von der Jung-Familie entfernt. Viele frisch Vermählte gehen in den hohen Norden oder in den fernen Osten, wo der schnelle Rubel lockt.

Die Funktionäre sind nun um Abhilfe bemüht. In einigen Städten dürfen sich Mütter von mehreren Kindern wie die Kriegsveteranen an die Spitze einer Warteschlange beim Einkaufen stellen, sie zahlen 30 Prozent weniger Steuern und erhalten ein Telefon außerhalb der Reihe – vorausgesetzt die technischen Bedingungen sind vorhanden.

Schon vor fünf Jahren führte die Regierung das Babyjahr mit Sicherung des Arbeitsplatzes ein, bezahlt mit mindestens 35 Rubel im Monat, ein Sechstel des durchschnittlichen Monatsgehaltes. 56 Tage vor und nach der Geburt erhalten die Frauen Urlaub mit vollem Gehalt. Nach dem Babyjahr steht ihnen noch ein halbjähriger unbezahlter Urlaub zu.

Um die Bevölkerung zum Kinderkriegen zu animieren,

wollen die Genossen das Erziehungsgeld bald um mindestens 15 Rubel erhöhen, den Schwangerschaftsurlaub auf insgesamt 140 Tage verlängern und sogar zwei Babyjahre genehmigen.

Die Geburt des ersten Kindes honoriert der Staat bisher mit 50 Rubel, Kindergeld gibt es nur für Familien mit mehr als drei Kindern unter acht Jahren (vier bis 15 Rubel monatlich pro Kind).

Wenn bei einer Familie mit mehr als vier Nachkömmlingen der verfügbare Monatslohn unter 50 Rubel pro Person liegt, schießt der Staat für jedes Kind zwölf Rubel zu. Je nach Finanzlage steuern auch die Betriebe noch etwas bei.

Aber: »Das Lebensniveau der Familie«, meint Soziologe Sisenko von der Moskauer Universität, »sinkt mit der Geburt eines Kindes. Die Kosten für einen Heranwachsenden machen laut Statistik monatlich mehr als 100 Rubel aus, das Monatsgehalt einer Apothekerin. Insgesamt erfordert die Erziehung eines Kindes bis zum 18. Lebensjahr zwischen 17000 und 25000 Rubel. Da überlegt sich manch Ehepaar, ob es das Geld nicht statt für ein zusätzliches Kind für eine Datscha im Grünen oder für ein Auto sparen soll.«

Forscher Perewedenzew plädiert denn auch für ein Mütter-Gehalt: »Eltern mit drei oder mehr Kindern sollen nicht wirtschaftlich darunter leiden, daß sie politisch bewußter sind als andere.«

Der Wissenschaftler hält gleichwohl die Alltagsschwierigkeiten als Erklärung für die niedrige Geburtenrate nicht für ausreichend. Besser verdienende Bürger, argumentiert er, würden ebenfalls nur wenig Kinder in die Welt setzen. In den fünfziger Jahren sei die materielle Not noch viel größer, die Entbindungskliniken aber voll gewesen.

Perewedenzew sieht die Ursache des Kindermangels vielmehr in der Überlastung der sowjetischen Frau, die gleichzeitig vollwertige Werktätige und liebende Mutter und Ehefrau sein soll. »Die Frauen arbeiten heute zu Hause und im Betrieb nicht weniger als zwölf Stunden, und das in Zeiten allgemeiner Arbeitsverkürzung«, so Perewedenzew.

Tatsächlich: Die russischen Männer halten sich vornehm zurück, wenn es darum geht, ihre Frauen im Haushalt oder bei der Erziehung der Kinder zu entlasten – obwohl die weiblichen Ehepartner nicht selten beruflich besser qualifiziert sind und mehr verdienen. Hausmänner, wie im Westen, sind in der Sowjet-Gesellschaft noch unbekannt.

Der Moskauer Wissenschaftler Igor Bestuschew-Lada: Immer häufiger treffe man auf Familien, in denen der Arbeitstag der Frauen, inklusive Hausarbeit, von zehn Uhr morgens bis 22 Uhr dauere. Zur Emanzipation im Parteiprogramm sagen die Männer: »Choroscho« (gut), zur Emanzipation in der Küche »ne nado« (muß nicht sein).

So trifft die laut Partei-Propaganda fortschrittlichsten Männer der Welt der Gebärstreik der Frauen völlig unerwartet: In den Zeitungen häufen sich die Stimmen empörter Ehegatten, die plötzlich die Welt nicht mehr verstehen. In ihren Beiträgen und Leserbriefen ist viel die Rede von »fraulichen Pflichten« und von vorbildlichen Hilfen für Mütter.

Einer, Vater eines Sohnes, empörte sich jüngst in der *Komsomolskaja prawda*: »Meine Frau lehnt kategorisch ab, weitere Kinder zu kriegen.« Aber eine Frau sei doch, bitte schön, in der Sowjet-Gesellschaft »vor allem Mutter«. Wenn es weniger Kinder gäbe, dann seien daran nur die Frauen schuld.

Barbarische Aborte mit furchtbaren Folgen

Der Verzicht auf Schwangerschaft ist freilich nur schwer durchzusetzen: Es hapert – Absicht oder nicht – an Empfängnisverhütungsmitteln. Derzeit sind in Moskau nur drei Sorten Anti-Baby-Pillen zu kaufen, importiert aus Ungarn und der DDR.

Die Frauen schlucken die Pille nicht gern, weil sie nicht sicher sein können, ob ihre Marke auch im nächsten Monat noch im Angebot der Apotheken ist. Die Auswahl an Spiralen ist ähnlich gering, Kondome (Stück zwei Kopeken) gelten als unzuverlässig. Für viele Sowjet-Frauen ist deshalb Abtreibung die häufigste Verhütungsmethode. In Perm ließen von 1000 Frauen 272 die Schwangerschaft unterbrechen.

Die Massenaborte haben furchtbare Folgen. Selbst in Moskau, Hochburg der sowjetischen Medizin, wird nach offiziellen Angaben jede sechste Frau nach einem Abort unfruchtbar.

Die Operation selbst ist für viele schon deshalb eine Tortur, weil es an Narkosemitteln und Medikamenten fehlt. Zudem ist die Sache nicht anonym: Der Grund des Fernbleibens vom Arbeitsplatz erscheint auf der Behandlungskarte, die dem »Natschalnik« (Chef) vorgelegt werden muß.

Um peinliche Nachfragen oder Anspielungen zu vermeiden, ziehen es vor allem junge Mädchen vor, ihre Schwangerschaft illegal abbrechen zu lassen. Doch dabei ist die Zahl der Komplikationen noch höher als bei den rechtmäßigen Abtreibungen.

Um die Geburtenrate zu steigern, so Percwedenzews Schlußfolgerung, müßten statt »barbarischer Abtreibung« zunächst bessere Verhütungsmittel her. Dann gebe es weniger unfruchtbare Frauen und die Zahl der Entbindungen steige jährlich um 20 bis 25 Prozent.

Mittlerweile melden sich indes auch Russinnen zu Wort, die den von der Partei gewünschten Kindersegen aus Prinzip ablehnen: Disko und Dissertation sind für ihre Selbstverwirklichung und ihr persönliches Glück wichtiger als nasse Windeln im Wohnzimmer.

Raissa Tarassowa aus Naltschik: »Der Staat braucht bloß Arbeiter, das ist der ganze Grund für die Geburten-Agitation. An das von der Partei versprochene Glück als Mutter kann ich nicht glauben.«

»Halleluja der Liebe, Halleluja«

Das Theater in Moskau: Weniger positive Helden und Klassen in Nischen

Ein Ministerialbeamter wohnt in einer Sechszimmerwohnung, an die Normalbürger nie herankommen. Im Regal stehen Bücher, die es kaum zu kaufen gibt, an der Wand hängen Ikonen.

Ausländischen Gästen gaukelt der Hausherr vor, sein Heim sei sowjetischer Durchschnitt. Der Sohn des Privilegierten liebt eine Pädagogik-Studentin, doch weil sie eine Gemüsehändlerin zur Mutter hat, verbietet der Beamte den unstandesgemäßen Umgang.

Der mißratene Sohn stiehlt aus Protest einer alten Dame die Handtasche, seine Schwester wirft sich vor die Ikonen: »Herr, hilf mir.« Der schnieke Schein, er ist enttarnt – auf der Bühne des Moskauer »Satire«-Theaters.

»Die Leute interessieren sich mehr und mehr für moderne Stücke«, sagt Publizist Lednew, für Spektakel, die von den Miseren des Alltags handeln, von betrogenen Ehefrauen und korrupten Kleinbürgern, karrierebesessenen Funktionären und aggressiven Jugendlichen.

Im Unterschied zu anderen Ostblockhauptstädten erlaubt sich Moskau jedoch kein Kabarett – die Genossen nehmen sich nicht gern selbst auf den Arm.

Unpolitisches wird goutiert: Man lacht über Molières *Tartuffe*, bewundert die Kostüme in Tolstois *Anna Karenina* und erschrickt über den dekadenten Westen in Tennessee Williams' *Endstation Sehnsucht*.

Für die Karten zu solchen Stücken müssen die Sowjetbürger stundenlang Schlange stehen (nachts genügt eine Eintragung in eine Kladde, bis zum Morgen), oder sie müssen bis zu einem Wochenlohn für ein Billett auf dem schwarzen Markt ausgeben, das an der Theaterkasse höchstens einen halben Tageslohn kostet.

Angesichts der spärlichen Freizeitvergnügungen in der Sowjethauptstadt ist ein Theaterbesuch allemal ein Fest. Für die Kleinen gibt es ein Kindertheater, in dem Mütter während der Aufführung ihren Nachwuchs per Bildschirm beaufsichtigen können. Die Taubstummen haben ein eigenes Haus, ebenso die jüdischen Sowjetbürger, (die auf jiddisch eine sehr eindringliche Inszenierung von *Tewje, der Milchmann* sehen können), die Kinoschauspieler und – weltweit einzigartig – die Zigeuner.

Im Foyer Kaviar und Lachs

Dafür wirft sich die Moskauerin in ihr bestes Kleid, der Gatte legt die Ordenspange an. Junge Mädchen frisieren sich hingebungsvoll vor den Foyer-Spiegeln, auf der überfüllten Toilette werden die wollenen Strümpfe ausgezogen. In der Pause flaniert das Publikum vor den Porträts der Schauspieler oder versucht, zum belagerten Buffet durchzudringen. Dort gibt es, was in normalen Geschäften nicht auftaucht: »Buterbrody« mit Kaviar und Lachs, dazu Sekt oder Fanta.

Für populäre Stücke eine Karte zu bekommen, ist nahezu ausgeschlossen. Denn Moskaus insgesamt 33 Theater mit 35 000 Sitzplätzen reichen auch nicht annähernd aus für die 9 Millionen Einwohner und Hunderttausende Umlandbewohner.

Moskaus Renommierhaus Nr. 1, das Bolschoi-Theater, lernen nur wenige Sowjetbürger kennen. Laut Volksmund heißt es »Valuta-Theater«: Die meisten Billetts gehen an Touristen.

Zudem, so enthüllte die Regierungszeitung *Iswestija*, kursiert eine »inoffizielle Liste« von Personen, die bei der Verteilung bevorzugt werden. Wer das ist, fand das Blatt allerdings nicht heraus. Bei den anderen Bühnen haben 36 Organisationen vorab Zugriff auf die Karten. Hohe Funktionäre genießen Vorrang im Parkett und in den Logen.

Was zum Verkauf am Kiosk übrigbleibt, wird mitunter in Verbindung mit Billetts für langweilige offizielle Veranstaltungen (Volksmund: »Fracht«) abgegeben. Einige Kioskverkäufer, die mit Schwarzhändlern gemeinsame Sache machen, geraten schon mal in Haft.

Besonders begehrt sind Eintrittskarten zum Puppentheater für Erwachsene, seit Jahren ausverkauft ist die Szenenfolge *Don Juan 87*, in dem sich Pferde vor Gram eine Kugel in den Kopf schießen, liebestolle Haremsdamen mit den Hüften wackeln und Frauen nach einem heißen Kuß innerhalb weniger Sekunden schwanger werden.

Moskauer Jugendliche bevorzugen die Rock-Oper *Iona und Awos* im Theater des »Leninschen Komsomol«: Held ist der Kaufmann Nikolai Resanow, der 1806 mit zwei russsischen Schiffen nach Kalifornien segelte, sich in eine Ausländerin verguckte – die Tochter des spanischen Kommandanten von San Francisco – und auf der Heimfahrt starb. Sein Kind blieb in der Fremde.

Auf der Bühne wird gebetet, geflucht und gestöhnt, das Licht flackert, Glocken klingen. Die Musik von Alexey Rybnikow peppt slawische Kirchengesänge mit Synthesizern auf. Die Oper endet mit einer religiösen Hymne an die Liebe: »Halleluja der Liebe, Halleluja« – für Moskaus Jugend ist diese Mixtur aus Mystik, Rock und Erotik sensationell.

Der Chef einer Forstwirtschaft in Sibirien im Stück *Motive* im Puschkin-Theater trägt Jeans und Lederjacke. Er widersetzt sich einem Erlaß aus Moskau, mehr Bäume abzuholzen: »Dann haben wir in acht Jahren keinen Wald mehr.«

Parteitreu erleben die Theaterbesucher noch einmal die Schlacht um ihre Stadt, 1941, an der Wolokolamsker Chaussee. Im Revolutions-Klassiker *Optimistische Tragödie*, im Theater des Leninschen Komsomol neu aufgelegt, überzeugt eine Kommissarin anarchistische Matrosen von der bolschewistischen Sache. Im Jugendtheater-Studio verteidigen die Sowjets noch einmal die Festung Brest-Litowsk gegen die deutschen Invasoren.

In Anspielung auf die Siegesparade auf dem Roten Platz am 24. Juni 1945 stoßen zum Schluß der Vorstellung Junge Pioniere im Marschschritt selbstgefertigte Hakenkreuzfahnen in den Staub der Bühne.

Im Wachtangow-Theater läuft die Inszenierung *Ein Tag länger als ein Leben* nach einem Roman des kirgisischen Schriftstellers Tschingis Aitmatow, die unter anderem den Alltag einer Eisenbahnstation in der kasachischen Steppe beschreibt. Dort lebt ein Lehrer samt Familie, arbeitslos, weil er im letzten Krieg zwei Fehler gemacht hat: Er geriet, Schande für einen Sowjet-Krieger, in deutsche Gefangenschaft und schloß sich nach der Flucht auch noch jugoslawischen Partisanen an – jenen Titoisten, die sich später von Moskau absetzten. Geheimpolizisten in schwarzen Stiefeln holen ihn ab, er stirbt im Lager. In einer Szene erscheint zum Todestag Stalins dessen erleuchtetes Konterfei mit Trauerflor: Der »große Führer« hat – anders als in Aitmatows Roman – von all dem nichts gewußt. Zweifel an der gemeinsamen Sache sind in dieser Inszenierung noch nicht erlaubt.

Scharfes Stück über fiese Genossen

Unter Parteichef Michail Gorbatschow hat sich einiges auf den Moskauer Bühnen getan: Die Kampagne für mehr Transparenz (russisch: »Glasnost«) schlägt sich auch auf die Spielpläne nieder.

Auf der Bühne des »Sowremennik«-Theaters wird nun der Vierakter *Die Wohnung der Colombine* von Ljudmila Petruschewskaja geduldet, obwohl das Stück keine positiven Helden im Sinn des sozialistischen Realismus aufweist. Gar eine Gewaltszene zwischen Mutter und Tochter wird gezeigt – für die UdSSR, die Harmonie zwischen den Generationen propagiert, eine kleine Sensation.

Ein Stück im Stanislawski-Theater (»Scholom-Alejchim-Straße 40«) schildert die Lage ausreisewilliger Juden, wobei nicht verschwiegen wird, daß sie sofort nach Antragsstellung ihren Job verlieren. Zum Schluß ziehen Arzt und Physiker in den Westen, der Vater, ein »parteiloser Bolschewik«, hat sich vor Gram entleibt, die Mutter bleibt in Odessa zurück, in Armut.

Im Jermolowa-Theater macht *Gawari* (»Sprich«) Furore, in dem die Verlogenheit der Funktionäre offen zur Sprache kommt. Mit Ehefrau Raissa hat sich Gorbatschow von der Ehrenloge des Moskauer Künstlertheaters aus das Spektakel *Silberhochzeit* angeschaut, ein für Sowjet-Begriffe scharfes Stück über fiese Genossen. Auch desillusionierte Jugendliche und trunkstüchtige Frauen treten auf.

»Der Bauer arbeitet mit den Händen«, heißt es da, »aber mit dem Kopf läßt man ihn nicht.« Der Funktionär antwortet: »Früher hättest auch du nicht so zu mir gesprochen.« Der Genosse, der sich zum gewissenhaften Vorgesetzten wandelt, gelangt wieder in Amt und Würden, der skrupellose Parteisekretär fliegt – so, wie es Gorbatschow auch in der Wirklichkeit gern hätte.

Theaterdirektor Oleg Jefremow hatte drei Jahre gebraucht, das Stück durch die Zensur zu boxen. Zehn Jahre benötigte er für die Aufführung von *Entenjagd*, weil sich am Ende die Hauptperson – ein Greuel für das bisherige Verständnis vom schönen Sowjet-Leben – umbringt. Per Telefon hatte Gorbatschow Jefremow die Wende in der Theater-Politik signalisiert: »Gedulden Sie sich noch etwas, lassen Sie uns doch erst mal das Schwungrad in Bewegung setzen.«

Die Aufführung *Der Selbstmörder* im »Satire«-Theater, unter Parteichef Jurij Andropow aus dem Programm genommen, läuft nun wieder. Die Hauptfigur kommt in dem Stück – gleich nach der Revolution von 1917 – mit der Welt nicht mehr klar und nimmt sich das Leben.

Prominentes Opfer der engen Kulturpolitik unter Gorbatschow-Vorgänger Tschernenko, der gegen »negative Gestalten« auf der Bühne gewettert und sich beschwert hatte, das Bild »unserer Wirklichkeit« dürfe nicht »verzerrt« werden, war der frühere Chefregisseur des »Dramen- und Komödientheaters an der Taganka«, Jurij Ljubimow, 70, der einst den Andropow-Kindern ausredete, Schauspieler zu werden, und den Dank des Vaters erntete. Ljubimow entwickelte sein Haus von einer Vorstadt-Schmiere zu einem weltbekannten Avantgarde-Theater. Höhepunkt: Bulgakows *Der Meister und Margarita*.

Weil der Regisseur ständig wider den Stachel löckte, flog er aus der Partei und wurde ausgebürgert, als er in England die heimische Kulturpolitik kritisierte. Er hatte eine Szenenfolge über Leben und Werk des kritischen Sowjet-Barden Wladimir Wyssozki aufführen wollen (das war damals nur zu Wyssozkis Geburts- und Todestag erlaubt), und auch noch eine Inszenierung von Puschkins *Boris Godunow*: In der Schlußszene sollte das Volk nach dem Hochruf auf den neuen Herrscher stumm bleiben, und nur der tote Zar Boris Godunow hatte aus dem Sarg zu tönen – die Genossen verstanden, die damaligen Ränkespiele um die Macht seien auch heute aktuell. Puschkins Bauern sollten in Jeans und Lederjacken, die Bäuerinnen in Miniröckchen auftreten.

Der Meister und Margarita und das antistalinistische Stück *Das Haus an der Moskwa* von Jurij Trifonow verschwanden aus dem Programm des Taganka-Theaters. Als die Gorbatschows die Bühne besuchten, erkundigten sie sich bei einer Diskussion mit den Akteuren nach dem Schicksal der Stücke. Seitdem ist zumindest Trifonows Werk wieder auf dem Spielplan.

Die Moskauer Theaterleute können unter Gorbatschow nun freier atmen. Öffentlich durften sie gegen sture Kultur-Bürokraten und gegen die Zensur wettern.

Im Rahmen eines Experiments erhalten sie unter dem Reformer im Kreml mehr Selbständigkeit, können etwa über Repertoire und Engagement von Schauspielern entscheiden – was bei manchen Mimen gar nicht auf Gegenliebe stößt. Die hatten bislang nämlich einen sicheren Arbeitsplatz mit festem Lohn, ob sie nun eine Rolle erhielten oder nicht. Zudem dürfen nun Theater ohne Eingriff von oben wirtschaften, die Kartenpreise etwa selbst festsetzen. Oleg Jefremow vom Künstlertheater: »Es wird höchste Zeit, unserem Beruf den Geschmack des Risikos wiederzugeben.«

Die Oper im Kino

Moskaus Theater-Szenerie bietet in Nischen Hochklassiges – in Zimmertheatern, nur mit Zugang für geladene Gäste und Szenen-Kenner, sowie auf Experimentierbühnen der etablierten Schauspielhäuser.

Tradition durchbrechen will etwa eine bei westlichen Touristen nahezu unbekannte »Kammer-Oper« am Leningrader Prospekt 71, untergebracht in einem Kinosaal mit 200 Plätzen, Regisseur Boris Pokrowski, früher am Bolschoi-Theater, inszeniert mit seinen 25 Mimen und 20 Musikern zeitgenössische westliche Opern, wie die von Benjamin Britten, außerdem Werke junger sowjetischer Komponisten und sogar ein Mysterienspiel aus dem 17. Jahrhundert, geschrieben von dem Metropoliten von Rostow und Jaroslawl.

Sehenswert die Aufführung des betagten Avantgardisten: zwei vertonte Tschechow-Stücke, darunter *Die Hochzeit*. Das Orchester setzt nur die wichtigsten Instrumente ein, die Akteure müssen in der Enge zwischen Musikern und Zuschauern spielen – Oper zum Anfassen.

Im Ableger des »Mossowjet«-Theaters haben nur 80 Zuschauer Platz, auf harten Stühlen. Wenn ein Schauspieler den Faden verliert, hilft ihm keine Souffleuse, denn für sie ist kein Platz. In diesen Studio-Bühnen treten »neue soziale Schichten« auf (so meint der Theaterkritiker Swobodin): Friedhofsmusiker, tumbe Offiziere, Hilfsarbeiter oder gewalttätige Jugendliche.

In *Wagontschik* (»Wägelchen«), aufgeführt in der Filiale des Künstlertheaters, verprügeln junge Mädchen eine Freundin. Vor dem Volksgericht urteilen verständnislose Erwachsene über die Tat – Theater weit ab von der Parteipropaganda.

Nicht viel von den Idealen der Sowjetgesellschaft ist auch in der Filiale des Majakowski-Theaters zu bemerken. Im Stück *Und reißt der silberne Faden* zieht ein alter Schriftsteller auf seiner Datscha bei Moskau bittere Bilanz: »Ich habe in meinem ganzen Leben nicht einmal die Wahrheit geschrieben.« Daß er besser gegen den Strich hätte schreiben sollen, erkennt er an seiner Umgebung. Der Sohn spinnt mit einem Freund eine Intrige gegen den Institutsdirektor. »Im Reich der Bestien«, sagte der Kumpel, »muß man wie eine Bestie sein.«

Einsamkeit in der Roten Ecke

Unter Profi-Regisseuren treten Laienspielgruppen in Kulturhäusern oder umgebauten Läden auf – auf den Plakaten zwar selten angepriesen, beim Publikum aber sehr beliebt. Die Freizeit-Spieler sind Ärzte und Verkäufer, Buchhalter und Soldaten. Manche haben ihre Berufe aufgegeben und halten sich, hart an der Grenze der Legalität, mit Gelegenheitsjobs über Wasser, nur um genug Zeit zum Proben zu haben.

Solche Enthusiasten spielen im »Theater-Studio am Nikitski-Tor« in der Herzenstraße 19, gegenüber dem *Tass*-Gebäude. Ihr Repertoire ist klein, aber fein; in dramatisierten Tschechow-Erzählungen versuchen sie zum Beispiel, das Publikum zum Mitmachen zu animieren.

Da will (in *Rote Ecke*, geschrieben und inszeniert von Mark Rosowski, sonst am Künstlertheater beschäftigt) die Erzieherin eines Arbeiter-Wohnheims eine alkoholabhängige Bewohnerin von der Flasche abbringen. Weder Drohungen noch Propaganda-Sprüche verfangen. Erst als die Helferin von ihren eigenen persönlichen Schwierigkeiten in der Liebe spricht, hört die Kranke zu. Fazit: Beide Frauen haben das gleiche Problem – Einsamkeit in einer anonymen Großstadt, auch durch eindringliche Parolen nicht zu überwinden.

Die Genossen haben nach jahrelangen Gängeleien die

Arbeit der kleinen Bühnen anerkannt. Sieben solcher Ensembles, unter ihnen das am Nikitski-Tor, erhalten bessere Räume und dürfen freier schalten und walten – nämlich als »Theatergenossenschaften mit voller Rechnungsführung«. Das heißt: Die Mimen erhalten Gagen, die Bühnen dürfen Karten verkaufen und – vor allem – sie haben größere Freiheit in der Wahl der Theaterstücke.

Alle Akteure der Moskauer Bühnen spielen nach dem sogenannten Stanislawski-System, bekannt nach dem von Stalin geförderten Regisseur der 20er und 30er Jahre, Konstantin Stanislawski. Seine Forderung: Der Schauspieler muß seine Rolle so realistisch wie möglich spielen. Wenn er weint, müssen auch echte Tränen fließen, verkörpert er eine ernste Rolle, so darf der Interpret beim Applaus keine Miene verziehen. Große Gefühle sind gefragt, wenn sich etwa Mime Michail Uljaniow, Mitglied der Parteiführung, in *Ein Tag länger als ein Leben* vor Kummer theatralisch auf den Boden wirft – Szenenapplaus.

Rund 200 Anwärter bewerben sich im Jahr um einen Platz in den staatlichen Schauspielschulen – und sehen einer ungewissen Zukunft entgegen. Von den Absolventen der letzten fünf Jahre hat nur jeder dritte ein festes Engagement, die anderen schlagen sich mit Gelegenheitsjobs durch, weil ihnen eine Provinzbühne nicht genügt. Im Foyer des Moskauer »Kleinen Theaters« machte eine Schauspielerin mit einem Plakat auf die Arbeitslosigkeit unter den Künstlern aufmerksam.

Wer sich aber nach oben gekämpft hat, dem winken Titel wie »Verdienter Schauspieler« und Privilegien wie Sonderwohnungen und Datscha. In der Gorki-Straße speisen die Moskauer Mimen mit ihren Regisseuren in einem eigenen Klub. Sie brauchen nicht mehr Schlange zu stehen.

Die Allerbesten, wie Primaballerina Maja Plissezkaja, fahren einen Mercedes – wie es ihrem Publikum gefällt, das die Umschwärmte beim Schlußapplaus mit Moskauer Mangelware dekoriert, mit Hunderten von Rosen, von denen jede einzelne soviel kostet, wie ein Werktätiger in der Stunde verdient.

Feilschen erlaubt

Kolchosmärkte sind für die Moskauer unentbehrlich

In der hellen Halle des Welosawodski-Marktes im Süden Moskaus duftet es nach frischem Grünzeug. Knoblauch, Kraut und Essiggurken. Die Stände sind herrlich angefüllt mit Fleisch und buntem Obst, die Verkäufer werben, und die Kunden handeln – wie im alten Rußland.

Da preist eine rundliche Bäuerin mit dickem Wollschal und Filzstiefeln Petersilie und Dill an, und ein Tadschike aus Leninabad mit dem eckigen Kopfputz seines Landes, der »Tjubetejka«, breitet getrocknete Aprikosen vor sich aus.

Ein Aserbaidschaner aus Baku, gebräuntes Gesicht unter riesiger Schiebermütze, empfiehlt seine Tomaten. Goldzähne blitzen, asiatische Flüche ertönen, Ukrainerinnen mit weißen Kopftüchern schwatzen und lachen, an Kartoffelsäcke gelehnt.

Der Handelsplatz am Proletarksij-Bezirk ist einer der 36 »Kolchosmärkte« der Sowjethauptstadt. Hier verkaufen Landleute die Produkte ihrer privaten Gärten und auch Überschüsse der Kollektiv-Betriebe.

Es gibt vieles, was die staatlichen Geschäfte nur gelegentlich oder auch gar nicht offerieren: Tomaten, Birnen, Melonen, Granatäpfel, Radieschen, Rettiche, Nüsse, Gewürze, Beeren, Honig, Pilze – getrocknet oder frisch aus dem Wald –, Sahne aus eigener Produktion und Fleisch, vom Schweinefilet bis zur Nutria-Ratte.

Der Handel lohnt sich sogar dann noch für die Verkäufer, wenn sie von weit her anreisen müssen – aus den Bergdörfern Georgiens, den Oasen Usbekistans, den fruchtbaren Gebieten der Ukraine. An jeden Markt ist ein Hotel angeschlossen, wo die Marktleute in Vier- oder Fünfbettzimmern (Männer und Frauen getrennt), für eineinhalb Rubel übernachten können. Waagen und Kittel erhalten sie gegen Gebühr, ein Standplatz für den von 9 bis 18 Uhr geöffneten Markt kostet einen Rubel – etwas mehr als den durchschnittlichen Stundenlohn eines Werktätigen.

Zu jedem Handelsplatz gehört ein Labor, in dem Veterinäre Fleisch und Milchprodukte untersuchen. Doch die Ware liegt nicht hinter Glas; niemand nimmt Anstoß, wenn ein Fleischer mit der Zigarette im Mund Knochen hackt, und von dem Krautsalat zupft der Kunde mit den blanken Fingern eine Kostprobe aus dem Eimer.

Auf dem Kolchosmarkt kann jedermann verkaufen, was er selbst geerntet oder gezüchtet hat – auf den zwei Morgen, die jeder Landarbeiter der Staatsgüter und Kolchosbetriebe nach Dienstschluß selbst bebauen, oder auf den 1500 Quadratmetern, die ein Städter als Schrebergarten bewirtschaften darf. Und man darf auch anbieten, was man im Wald gesammelt oder – etwa als Student – beim Ernteeinsatz als Deputat empfangen hat.

Fallobst, welker Weißkohl oder sehniges Fleisch, wie häufig in den Regalen der staatlichen »Produktenläden«, sind auf dem Markt kaum zu finden. Ein Kunde: »Das Fleisch hier ist Natur, da ist nicht soviel Chemie drin, die gleich ins Blut geht.«

»He, Kerl, komm mal her«

Nur Selbstgeprüftes wird gekauft. Der Kunde probiert erst einmal und bekommt dabei manchmal auch ein Originalrezept aus Belorußland, Ratschläge für das Setzen von Blumenzwiebeln und über die Wirksamkeit von Heilkräutern, verwoben mit dem Bericht über die Enkelkinder – all das, was der unpersönliche Staatshandel vermissen läßt: Auf dem Markt ist die Zeit stehengeblieben. Feilschen ist erlaubt.

»He, Bursche, komm mal her, schau dir die Petersilie an, nur 50 Kopeken das Bündel« (einen halben Stundenlohn). Antwort: »Ich will gar keine Petersilie.« – »Na gut, ich geb' sie dir für 30.« – »Zu teuer.« – »Dann geh zum Teufel.«

Im Sowjetreich gibt es rund 6000 derartige staatsfreie Oasen inmitten der planwirtschaftlichen Wüste. Ohne diese Quellen, das gestehen selbst Funktionäre ein, sähe die Versorgungslage noch schlechter aus, als sie ohnehin schon ist. In der Millionenstadt Kuibyschew an der Wolga etwa stehen jedem Bürger derzeit nur 400 Gramm Fleisch monatlich auf Lebensmittelkarten zu, an manchem Provinzort verweisen die Verkäuferinnen Fleischinteressenten mangels Ware gleich auf den Freimarkt.

Von Fleisch, Milch, Eiern und Gemüse kommt rund ein Drittel, von Obst, Honig und sogar von den Kartoffeln kommt die Hälfte nicht aus Planbetrieben, sondern aus den privaten Gärten. Und die Preise dieser »freien Spitzen« richten sich wie in der Marktwirtschaft nach Angebot und Nachfrage.

So kosten dann Anfang April Tomaten, die in den staatlichen Geschäften überhaupt nicht zu haben sind, auf dem Markt schon mal sechs Rubel das Pfund – Tageslohn eines Lehrers. Das ist so, als müßte ein bundesdeutscher Studienrat für ein Pfund Tomaten etwa 120 Mark ausgeben. Ebensoviel ist für ein halbes Dutzend getrockneter Steinpilze zu bezahlen und halb soviel für ein Pfund Schweinefleisch, vergleichsweise also 60 Mark (während es in den

Läden schlechtere Stücke für ein Drittel dieser Summe gibt – wenn auch manchmal nur einige Stunden am Tag).

Erdbeeren tauchen in staatlichen Geschäften nur in der Hochsaison auf, auf dem Markt bringen sie zuweilen 15 Rubel pro Kilo, Weintrauben acht (im Sommer vier), das Kilo Granatäpfel sieben Rubel – den Tageslohn eines Arbeiters.

Beachtlicher Verdienst für die Verkäufer

Nur im Sommer, wenn auch die Staatsfilialen mit Gemüse gefüllt sind, unterbieten die privaten Händler die offiziellen Preise. Ein Kilo Gurken kosten dann 30 Kopeken auf dem Markt, im Geschäft 50.

Nicht jeder Moskauer kann es sich leisten, regelmäßig auf dem Markt einzukaufen. Gleichwohl sind die Hallen und Plätze in der Neun-Millionen-Stadt stets gut besucht – jeder der Märkte muß für durchschnittlich eine Viertelmillion Moskowiter ausreichen.

Eine Kundin auf dem Moskauer Tscherjomuschinski-Markt: »Ich kaufe für ein kleines Kind. Es soll frische Mohrrüben haben.« Eine andere: »Ich habe hier Dill gekauft. Zu dieser Jahreszeit gibt es keinen Dill in den Läden.« Hat ein Russe Gäste, für die gewöhnlich nichts zu teuer ist, kauft er auf dem Kolchosmarkt ein. Da dort auch der private Nachschub nicht eben überfließt, ist die Verdienstspanne für den Verkäufer oft beachtlich. Eine einzelne Nelke kostet vor Ostern einen Stundenlohn – da ist die Anreise per Flugzeug noch ein Geschäft. Eine Georgierin, die 50 Kisten je 20 Kilo Äpfel aus eigener Ernte mitgebracht hat, rechnet mit einem Gewinn von 3000 Rubel – soviel verdient ein Bestarbeiter im Jahr.

Landarbeiter aus der Umgebung Moskaus, die in Gewächshäusern Gurken züchten, machen damit jährlich

10000 Rubel Profit, kassieren also fünf durchschnittliche Jahreslöhne.

Die *Komsomolskaja prawda* entdeckte »luxuriöse Villen« in dem Dorf Chotow bei Kiew, gebaut von Bauern, die sich auf den Anbau von Erdbeeren spezialisiert haben: »Das bringt den höchsten Gewinn. Und aus Kiew bringen sie Butter, Wurst, Tomaten, Petersilie und Radieschen heim«, die es in Chotow nicht gibt. Verdienst pro Saison: 5000 bis 15000 Rubel.

Das Organ der Parteijugend beschwerte sich, die »Erdbeer-Könige« beuteten die Stadtbewohner aus, privates Hofland dürfe nur für den Eigenbedarf genutzt, nur Überschüsse könnten verkauft werden. Warum der Staat sich das Erdbeergeschäft entgehen läßt, wurde von der Zeitung nicht einmal erwogen.

Auf jedem Basar, so das Gesetz, muß auch ein staatliches Geschäft seinen Stand aufschlagen, damit die Besucher die Preise vergleichen können. Doch die geplante Konkurrenz ist häufig keine, weil der Staat die gewünschte Ware entweder überhaupt nicht oder in schlechter Qualität anbietet.

Konkurrenz für die Privaten

Staatliche Preisvorgaben brachten ebenfalls nichts ein. Als die Moskauer Behörden einmal verboten, frühe Erdbeeren teurer als neun Rubel das Kilo (mehr als einen Tageslohn, also vergleichsweise etwa 80 Mark) zu verkaufen, packten die Händler die Früchte wieder zusammen und fuhren ab.

Die Partei will nun den Geschäftemachern an den Kragen, doch gleichzeitig mit einer Reihe von Kurskorrekturen im Wirtschaftsgefüge die Versorgung verbessern.

Während die Kolchosen und Sowchosen bislang ihre planmäßige Ernte dem Staatshandel abliefern mußten, der Obst und Gemüse aus Mangel an Lager- und Transportkapazitäten nicht selten verderben ließ, dürfen die Landwirtschaftsbetriebe seit 1986 nicht nur ein Übersoll, sondern auch bis zu 30 Prozent ihrer Plan-Produktion selbst auf den Märkten verkaufen. Der Gewinn muß für soziale Zwecke – etwa den Bau von Kindergärten, Wohnungen oder Krankenhäusern – verwendet werden.

Den Kilopreis für die Ware dürfen die Gutsverwalter freilich nicht selbst bestimmen; ihn legt die örtliche Landwirtschaftsbehörde fest. Im Sommer 1986 lag er durchschnittlich um 30 bis 50 Prozent über dem der staatlichen Geschäfte, aber immer noch weit niedriger als bei den privaten Anbietern auf den Märkten; zuweilen forderten die Landwirte auch nur den staatlichen Preis.

Schließlich trieb die Sowjetregierung auch noch die Konsumgenossenschaften (»Kooperativen«) zu mehr Aktivität an: Sie erwerben Obst und Gemüse von privaten Bauern und Gärtnern, die keine Zeit oder Lust haben, sich als Händler zu betätigen, und verkaufen die Bodenfrüchte auf den Märkten zu etwas höheren Preisen als die Staatsgeschäfte.

Folge der neuen Regeln: 1986 rollten Sattelschlepper der Kollektiv- und Staatswirtschaften aus dem fernen Zentralasien oder von der unteren Wolga nach Moskau und verkauften – neben den Kolchosmärkten – ihre Waren gleich von der Ladefläche.

Wegen der Direktanlieferungen aus den Staatsbetrieben mußten die privaten Anbieter auf dem Markt ihre Preise senken. Das teure Obst und Gemüse war neben dem Mangel an Fleisch die Hauptbeschwerde sowjetischer Konsumenten und ständiger Anlaß heftiger Auseinandersetzungen in den Markthallen. »Nun geht es uns gut«, höhnte eine Hausfrau vor einem Marktstand, »und euch schlecht.«

Doch manche der Privaten lassen sich nicht beirren. Ashot Mowsesjan aus Armenien, der Pfirsiche für 4,40 Rubel anbot, zu einem Moskauer Reporter: »Meine Ware ist besser. In ein paar Tagen werde ich sie verkauft haben.«

Sein Kunde, der Ministerialbeamte Witalij Kulinisch, stimmte zu: Der Preis sei zwar »exorbitant, aber die Pfirsiche sind viel besser als die in den staatlichen Geschäften, und ich brauche mich nicht in die Schlange zu stellen.«

»Blumen des Bösen«

Die Privathändler gelten als skrupellose Geschäftemacher, welche die braven Städter nur ausnehmen. Sie stehen im Verdacht, sich gegenseitig abzusprechen, um die Preise hochzuhalten. Als auf dem Tischinski-Markt ein Mütterchen die selbstgesammelten Pfifferlinge in kleinen Portionen für je 50 Kopeken anpreist, interveniert die Nachbarin: »Wir nehmen hier alle einen Rubel.«

Private Makler, die Bodenfrüchte in der Provinz aufkaufen, um sie in die Stadt zu bringen und dort – stellvertretend für die Produzenten – mit kräftigem Aufschlag loszuschlagen, machen sich als »Spekulanten« strafbar und müssen mit Einzug ihrer Habe, Lagerhaft und sogar Hinrichtung rechnen.

Dennoch kommen Marktkenner aus dem Kaukasus, die zwar selbst nicht wissen, wie man Blumen züchtet, aber Hunderte von Rosen im Gepäck haben und mit einer Provision das Geschäft ihres Lebens machen. Die

Regierungszeitung *Iswestija* nennt diese Fracht: »Blumen des Bösen«.

Es sei unmöglich zu überprüfen, ob jeder wirklich die Sachen, die er verkauft, auch selbst angebaut hat, klagte die *Iswestija* – ob er es für einen Freund tut oder ob er ein simpler Zwischenhändler ist. So beschränken sich die Polizisten auf dem Markt häufig darauf, harmlose alte Babuschkas zu vertreiben, die am Eingang selbstgestrickte Handschuhe anbieten.

Manchmal etwas eng

Größtes Problem der Moskauer: Wohnraum ist knapp

Wenn der Moskauer U-Bahn-Führer Oleg Lewtschenko abends fernsehen will, muß er den Apparat ganz leise stellen. Auch seine geliebten italienischen Schlager vom Tonband kann er nur pianissimo hören.

Mit seiner Frau Lena, Buchhalterin in einem Autowerk, bespricht sich Lewtschenko am besten in der kleinen Küche, unter der zum Trocknen aufgehängten Wäsche: Sie wollen ihren Sohn Aljoscha, 9, nicht stören, der im Wohnraum schläft.

Die Lewtschenkos leben in einer Einzimmerwohnung im Moskauer Ismailowski-Bezirk. Größe: 21,6 Quadratmeter, nicht mitgerechnet die Küche, das Minibad und der Flur. »Es ist«, sagte der Metro-Mann, »schon manchmal etwas eng.«

Millionen Sowjet-Bürger wohnen nicht so gut wie die drei Lewtschenkos. Auf ebensoviel Wohnfläche drängen sich auch fünfköpfige Familien. Jungvermählte schlafen mit den Schwiegereltern in einer Stube, das Bett nur durch einen Vorhang abgetrennt; bereits geschiedene Ehepaare müssen zusammenbleiben, weil ein neues Heim nur schwer zu finden ist.

»In Moskau«, so der Deputierte des Obersten Sowjet vom Krasnopresnenski-Bezirk, Lokführer Jazkow, »bleibt das brennende Wohnungsproblem« – trotz strenger Zuzugssperre für die Sowjethauptstadt. Doch auch andernorts in der UdSSR herrscht Wohnungsnot.

Obwohl im Zweiten Weltkrieg rund 25 Millionen Menschen obdachlos wurden, begann erst Anfang der 60er Jahre, unter Parteichef Nikita Chruschtschow, in großem Umfang der Wohnungsbau, mit über 100 Millionen Quadratmetern in jedem Jahr – je Kopf ungefähr halb soviel wie damals in der kleinen Bundesrepublik (rund 40 Millionen Quadratmeter).

Schluderei und Schlendrian

Der frühere Parteichef Leonid Breschnew wunderte sich noch über das Massenbedürfnis nach einer eigenen, abgeschlossenen Wohnung. »In naher Zukunft« aber solle nun jede Familie eine besitzen, versprachen seine Nachfolger. Der laufende Plan sieht den Bau von jährlich 100000 Wohnungen in Moskau vor. Neue Trabantenstädte werden auch außerhalb der Stadtgrenze, jenseits des 109 Kilometer langen Autobahnrings, entstehen. Bis zur Jahrhundertwende, so das Vorhaben, soll jede Moskauer Familie ein eigenes Heim bekommen.

Möglicherweise müssen die Eingepferchten noch länger warten. Denn in die Propaganda über die Bau-Erfolge mischen sich skeptische Stimmen. Die Regierungszeitung *Iswestija* klagte, es würden zwar Tausende von Quadratmetern errichtet, doch »auch das reicht nicht aus«: Mit der zunehmenden Bautätigkeit steigen auch in der UdSSR die Bedürfnisse der Menschen.

Das Politbüro kritisierte eine Reihe von Ministern und Funktionären: Sie gäben sich mit der »Nicht-Erfüllung der Pläne des Wohnungsbaus zufrieden«. Und das Zentralkomitee der Partei beklagte jüngst niedriges Niveau, Verzögerungen und veraltete Methoden beim Wohnungsbau.

Im sibirischen Krasnojarsk etwa blieben die Staats-Poliere in den letzten zwei Jahren um 300000 Quadratmeter unter dem Soll. Konsequenz: Mindestens 10000 Familien bekommen kein neues Heim, Betriebe verlieren wichtige Spezialisten, die abwandern, weil sie keine zufriedenstellende Wohnung haben.

Schluderei und Schlendrian führen dazu, daß Familien oft auch dann nicht einziehen können, wenn die Häuser längst stehen.

Denn um die Norm zu erfüllen, mithin ihre Prämien zu bieten, geben Brigaden den Abnahme-Kommissionen gern auch Unfertiges an. Im Moskauer Dserschinski-Bezirk zum Beispiel wollten sie Wohngebäude übergeben, die nur provisorische Wasserleitungen hatten. Die Telefonanschlüsse fehlten ganz.

Die Planer freilich sind am Wohnungsproblem nicht unschuldig. Sie investierten die Rubel lieber erst einmal in Industrieobjekte, in die Rüstung oder in prestige- oder devisenträchtige Mammutvorhaben wie die Baikal-Amur-Eisenbahn oder in Gasfernleitungen. So erhielten im zehnten Fünfjahresplan (1976 bis 1980) zwölfeinhalb Millionen Familien weniger eine Wohnung als im Zeitraum von 1966 bis 1970.

»Hier ist es wunderbar«

Doch trotz aller Pannen und Mängel sind die Zustände der 30er Jahre vorbei, die in einem beliebten Theaterstück (*Eine Schnur geht durchs Zimmer*) beschrieben werden – dort hausen zwei Familien in einem einzigen Zimmer. Ob in Moskau oder in Minsk, in Wilna oder Wladiwostok – an den Peripherien der Städte sind monströse Neubauviertel entstanden: von 1961 bis 1981 rund 44 Millionen Quartiere für 163 Millionen Menschen, meist hingeklotzt, ohne architektonische Phantasie und ohne Rücksicht auf die Umwelt.

Die hochgeschossigen, in Betonplatten-Fertigbauweise errichteten Gebäude erfüllen dennoch oft den Lebenstraum ihrer Bewohner, selbst wenn die Verkehrsverbindungen in die entlegenen Siedlungen miserabel sind oder wenn durch die nicht regulierbare Fernheizung in manchen Wohnblocks die Raumtemperatur unter 16 Grad sinkt.

»Hier ist es wunderbar«, so ein Techniker, der eine moderne Zweizimmerwohnung im Südwesten der Hauptstadt bezogen hat. »Hier hat meine Familie mehr Platz, und die Luft ist gut.«

Viele hatten noch kein Glück. In Moskau wohnen nach offiziellen Daten über eineinhalb Millionen Einwohner in sogenannten Kommunalquartieren, in denen sich mehrere Mieter Flur, Bad und Küche teilen müssen. Jeder hat seinen festen Platz für die Kochtöpfe im Schrank: Im Korridor stehen mehrere Kühlschränke; die Badezeit, wie auch die Ablage für die Seifen, müssen die Nachbarn untereinander abstimmen.

Auf einem Korridor viele Familien

Jeder weiß, was der andere für Sorgen und Gewohnheiten hat, wie er seine Kinder erzieht, daß er eine neue Freundin hat. Diese Quartiere sind Orte, an denen Zwietracht vorprogrammiert ist. 90 Prozent aller Zivilprozesse befassen sich mit Streitigkeiten aufgrund von Mietproblemen.

Die Moskauer Sekretärin Natalija Petrowna lebt mit ihrer zehnjährigen Tochter in einer solchen Wohnung in zwei kleinen Zimmern. Einen Freund wagt sie nicht bei sich übernachten zu lassen, »wegen der Nachbarn«. Eine Chance, sich zu verbessern, gibt es kaum, denn die Fläche ihrer

Unterkunft liegt knapp über der in der Russischen Republik bislang geltenden Norm von neun Quadratmetern pro Person (bei Neubauten künftig zwölf Quadratmeter).

Für den Elektriker Abramow aus Desnogorsk war diese Vorschrift lange Zeit graue Theorie. Mit Frau und fünf Kindern hauste er jahrelang in einem 18,6 Quadratmeter großen Zimmer, bis er endlich, nach vielen Eingaben bei den Behörden, umziehen durfte.

Die Arbeiterin Jekaterina Kasakowzewa über ihre Wohnung in Kirow: »Auf einem Korridor leben viele Familien, jede mit Kindern. Wenn eines krank wird, werden es alle.«

Um die Lage zu entspannen, erleichterten die Regierenden – die selbst, wie auch verdiente Künstler oder Helden der Arbeit mit Komfortwohnungen ausgestattet sind – den Erwerb von Genossenschaftswohnungen, vergleichbar mit einer westlichen Eigentumswohnung. Bewerber müssen künftig einen geringeren Prozentsatz der Kaufsumme (je nach Größe 8000 bis zu 15000 Rubel, das sind sieben Jahreslöhne) sofort bar bezahlen. Der Staat gewährt nun auch mehr Zeit, die Kredite für den Restbetrag abzustottern. Indes: Eine Genossenschaftswohnung zu erhalten, ist schwierig, die Anzahl der Interessenten groß.

Derzeit propagiert die Partei sogenannte Jugend-Wohnprojekte: Junge Leute erhalten Material und bauen unter fachlicher Aufsicht Wohnhäuser selbst. Wer mitmauert, darf dann einziehen.

Wirkungsvoller dürfte denn auch sein, was 1982 die Wirtschaftswissenschaftler Asap und Ossipow in der *Prawda* vorschlugen. Ihnen erschien der Mietzins zu niedrig: In der gesamten Sowjetunion kostet ein Quadratmeter Wohnraum im Monat 13,2 Kopeken Miete. Dafür muß ein Werktätiger im Schnitt elf Minuten arbeiten.

Zum Vergleich: Bei einem Netto-Stundenlohn von zehn

Mark wäre das für einen westdeutschen Kollegen ein Mietpreis von 1,83 Mark je Quadratmeter, und zwar nach seinen Begriffen oft für den Standard eines verwohnten Altbaus.

Die beiden Sowjet-Reformer empfahlen nun, den Preis einer Wohnung nach Qualität und Lage zu differenzieren und anzuheben. Den U-Bahn-Chauffeur Oleg Lewtschenko kostet seine Moskauer Vorortwohnung ebensoviel wie im Stadtzentrum oder im sibirischen Omsk: für 21,6 Quadratmeter inklusive Heizung und Warmwasser knapp sieben Rubel (die Fläche von Küche, Diele, Badezimmer und Toilette zählt nicht mit; dafür gibt es weder Boden noch Keller).

Selten steigt eine Miete in der UdSSR über 20 Rubel im Monat, weniger als 13 Prozent eines durchschnittlichen Monatslohns, der freilich bescheiden ist: netto 159 Rubel, zum offiziellen Kurs 530 Mark. Die Bundesbürger bringen im Schnitt 16,5 Prozent ihres Nettogehalts für die Kaltmiete auf und 13 Prozent ein Vier-Personen-Haushalt mit mittlerem Einkommen des Ernährers.

Vorstoß in Richtung Marktwirtschaft

Die Experten Asap und Ossipow aber möchten die Sowjet-Mieten noch steigern, um den Staat finanziell zu entlasten, der jährlich sechs Rubel pro Quadratmeter für Bau und Renovierung an Subventionen zuschießt (etwa ebensoviel wie im sozialen Wohnungsbau der Bundesrepublik). Außerdem könnte dadurch Wohnraum frei werden, daß etwa Alleinstehende ihre großen Unterkünfte räumen, weil sie ihnen zu teuer werden – ein Hauch von Kapitalismus.

Die Funktionäre haben darauf reagiert, aber halbherzig. Wer, aus welchen Gründen auch immer, mehr als 50 Prozent über den neun Quadratmetern hat, muß künftig für den

Rest das Dreifache entrichten. Eine dreiköpfige Familie zum Beispiel zahlt dann für eine 90-Quadratmeter-Wohnung (die es kaum gibt) soviel, wie der Ernährer in knapp einer Woche verdient, nämlich für jeden der zulässigen 40,5 Quadratmeter einen Elf-Minuten-Lohn und für die restlichen 49,5 Quadratmeter je den Gegenwert einer halben Arbeitsstunde.

Einen weiteren Vorstoß in Richtung Marktwirtschaft unternahm das Blatt *Sowjetskaja Rossija*. Es schlug vor, die aus ideologischen Gründen offiziell verfemten Makler zuzulassen, die bislang beim Wohnungstausch oft illegal mitmischen und Erfolgsprämien von über 1000 Rubel kassieren.

Wenn die Arbeit dieser Leute – viele von ihnen haben Hochschulabschluß – legalisiert würde, könnten sie womöglich mehreren Menschen als bisher helfen. Zudem seien dann die Makler-Profite, so *Sowjetskaja Rossija*, besser zu kontrollieren. Warum er sich trotz hoher Gebühren nicht um Kunden sorgen muß, erklärt ein privater Wohnungsvermittler: »Den Menschen gefällt, wenn man ihren Fall individuell behandelt.«

Wer sich an das offizielle »Büro für den Tausch von Wohnfläche« wende, müsse erst »viele Formulare ausfüllen. Er steht Schlange und bekommt unklare oder falsche Ratschläge.«

Tatsächlich scheint die Arbeit der staatlichen Wohnungstauschzentrale in der Banny-Gasse für Moskau nicht sehr effektiv. Von 64000 Bittstellern konnten in den ersten acht Monaten des vorigen Jahres (1986) nur 41000 ihren Umzug über das Büro arrangieren.

Enttäuscht berichtet der Moskauer Ingenieur Rybakow, kürzlich von Pskow nach Moskau versetzt: Als er die Kartei durchgeblättert habe, sei er lediglich auf »Wohnungen ohne elementare Ausstattung« oder in abgelegenen Bezirken gestoßen.

So verlassen sich viele lieber auf die eigene Initiative. Sie kleben – eigentlich streng verboten – Zettel an Laternen, stellen sich mit Plakaten vor das Tauschbüro, inserieren in der wöchentlichen Reklame-Beilage des *Moskauer Abend* oder lassen gegen drei Rubel Gebühr in ein zweimal wöchentlich erscheinendes Spezial-*Bulletin für den Wohnungstausch* (Auflage: 25000) eine Anzeige schalten.

Typisches Inserat:

21 m^2 (noch 2 Zimmer, 3 Leute), Küche 8 m^2, Gasofen, Ziegelhaus, Balkon, Tel. ..., Metro Fili, Nowosawodskaja Straße.
18,7 m^2 (noch 2 Zimmer, 2 Leute), Küche 8 m^2, Ziegelhaus, Lift, Balkon, Müllschlucker, Metro Warschawskaja, Walter-Ulbricht-Straße, Tel. ..., Wiktor, Olga.
Für Zweizimmerwohnung ab 30 m^2, außer 1. Etage.

Im Klartext: Wiktor und Olga, die in einer Gemeinschaftswohnung mit zwei Nachbarn leben, bieten ihr Zimmer sowie ein weiteres in einem anderen Gemeinschaftsquartier mit drei Mitbewohnern gegen eine abgeschlossene Zweizimmerwohnung.

Was nicht im Text steht: Die beiden sind ein junges Ehepaar mit Baby, sie wollen mit einer Verwandten, 58, zusammenziehen, die während der Arbeitszeit auf das Kind aufpassen soll.

Zwar können Wiktor und Olga, bei Erfolg, wieder nicht allein wohnen. Ihr neues Heim wäre aber abgeschlossen und der Mitbewohner von ihnen selbst bestimmt.

Wer überhaupt keine Wohnung hat, muß sich in die Listen seines Bezirks oder Betriebs eintragen lassen, bis ihm eine Kommission eine Unterkunft zuteilt. Dies allerdings, sagen selbst Genossen, kann mitunter Jahre dauern.

So ist denn das Thema Wohnen ständiger Anlaß zu Ärger – zumal auf dem Wohnungsmarkt gemogelt und geschoben wird, bestochen und gewuchert.

Der Schlosser Klopow aus dem Flugzeugwerk in Tjumen etwa lebte mit Frau und zwei Kindern in einer 17 Quadratmeter großen Einzimmerwohnung. Als die Fabrik ein eigenes Haus hochzog, schien klar, daß die Klopows zu den ersten Neumietern zählen würden.

Doch weit gefehlt. Werksdirektor Lew Romantschuk, sein Sohn und Schwager Kotow bedienten sich erst einmal selbst mit größeren Quartieren. Späte Genugtuung für Klopow: Als der Skandal ans Tageslicht kam, mußte sein Chef die Wohnung wieder räumen, seinen Platz in der Partei übrigens auch.

Als in der Hauptstadt der Sowjetrepublik Aserbaidschan, Baku, einige Wohnungen zu vergeben waren, machten Kontrolleure nach einiger Zeit eine erschreckende Statistik auf: Nur zwölf Prozent der wirklich Berechtigten erhielten den Zuschlag, der Rest ging an Direktoren und Funktionäre. Hunderte der neuen Mieter hatten niemals auf einer Antragsliste gestanden.

Mit rechten Dingen dürfte es auch nicht in Kirschatsch zugegangen sein. Die frühere Sergeantin des Artillerie-Bataillons 191, Nina Balaschowa, 65, hatte sich bei fremden Leuten eingemietet, um in der Nähe ihres Sohnes zu leben. 1977 erhielt sie den Platz 443 auf der Liste. Einige Jahre später fragte sie nach. Ergebnis: Sie war immer noch an 443. Stelle.

»Besonders häufig und sehr scharf«, berichtete jüngst das Organ der georgischen Kommunisten *Morgenröte des Ostens*, beklage sich das Volk über »Regelverletzungen bei der Wohnungsverteilung und das Fehlen der Öffentlichkeit«.

Doch nicht nur Bonzen und Beamte profitieren vom Raummangel. Wohnungsbesitzer, die noch einen Winkel frei haben oder für längere Zeit auf Dienstreise gehen, vermieten Zimmer zu Höchstpreisen. Auf diesem grauen Markt ist eine abgeschlossene Wohnung in Moskau derzeit erst für rund 100 Rubel zu haben, ein Raum kostet die Hälfte.

Besonders übel erging es in der Hauptstadt den jungen Eheleuten Strogow, die wegen ihres kleinen Kindes keine Herberge fanden. Das Paar entschloß sich, das Baby beim Abschluß eines Untermietvertrages zu verschweigen. Bei einer nächtlichen Kontrolle entdeckte die Hausherrin den Betrug. Sie wollte die drei sofort wieder auf die Straße jagen, doch dann überlegte sie es sich anders. Die Familie konnte bleiben – gegen einen Aufpreis von 20 Rubel.

»Allo, ich höre!«

Das Telefonieren bringt den Moskauern vielerlei Leiden

Von all dem, was die Technik dem auf Kontakt zum Nächsten orientierten Sowjetbürger brachte, ist das Telefonieren am nützlichsten.

Das automatische Sprechen in die Ferne, laut sowjetischer Enzyklopädie-Weisheit von einem Landsmann namens Moissej Freudenberg erfunden, bringt die Menschen, Traum aller Russen, dicht zueinander – ohne sich in die Augen sehen, riechen oder berühren zu müssen. Ein gutes Gespräch unter guten Freunden währt am Telefon dann auch gewöhnlich eine gute Stunde.

Von zu Hause aus geführt, kostet es bislang keine Kopeke. Vorher müssen freilich die Anschlußkosten bezahlt sein, der Apparat (zusammen etwa ein Monatslohn) sowie die laufenden Gebühren. Die betragen im Monat soviel wie 25 Gespräche von der Zelle aus – je zwei Kopeken, der Lohn für eine halbe Arbeitsminute. Telefonieren war bis vor kurzem das billigste Vergnügen in der UdSSR. Damit ist es nun vorbei. In den Wandtelefonen des Kursker Bahnhofs in Moskau, vor denen man stets Schlange stand, ertönt zum Beispiel jetzt nach zweieinhalb Minuten ein Warnsignal im Hörer. Wer keine Münze nachwirft, dem wird die Verbindung automatisch abgebrochen: Tausend Telefonanschlüsse Moskaus funktionieren neuerdings nach Zeittakt.

Die übrigen 28000 öffentlichen Fernsprecher in Moskau werden derzeit umgerüstet, dann folgen die privaten Anschlüsse. Für die traditionellen zwei Kopeken läßt sich dann nur noch drei Minuten plaudern, die Stunde kostet einen halben Stundenlohn.

Die Regierung braucht Geld, um den Telefonverkehr zu modernisieren. Denn die Lust am Ferngespräch ist bislang mit Leid erkauft.

Wegen schwacher Kabel gehört es zum sowjetischen Telefonalltag, daß zum Beispiel ein Teilnehmer wiederholt die Nummer seiner Mutter wählt, sich jedoch stets eine Poliklinik meldet. Oder: Ununterbrochen klingelt ein Apparat, am anderen Ende will jemand irgendeine Nadja sprechen. Weil Russen sich nicht mit Namen, sondern »allo« oder »ich höre« melden, vergeht Zeit, bis die falsche Verbindung identifiziert ist. Kommt die nicht zustande, ist der Partner oft kaum hörbar, das Gespräch häufig gestört.

Der moderne, teure Zeittakt soll alles wenden, auch wenn noch nicht klar ist, wer in den Gemeinschaftswohnungen, wo sich mehrere Familien einen Apparat teilen, die Rechnung bezahlen soll.

Kein Draht nach draußen

Ein Zeittakt-Test in einer litauischen Kleinstadt wies zudem einen nicht vorgesehenen Ausweg aus der Teuerung: Die Bürger erledigen ihre Privatgespräche am Arbeitsplatz. Die Belastung des Netzes stieg am Tage um das Dreifache, Leitungen brachen zusammen.

Das tun sie regelmäßig. Kaum eine Behörde verfügt über eine Telefonzentrale, jeder Beamte wird direkt angewählt, auch jedes Hotelzimmer. Allein im Moskauer Hotel »Rossija« sind es 5353 Nummern. Dafür hat im Schnitt nur jede vierte Familie in den Städten, jede 15. auf dem Lande einen Anschluß. Viele Kolchosen, Schulen, Kindergärten oder Sanitätsstationen besitzen keinen Draht nach draußen.

Zwölf Millionen Sowjetbürger wünschen sich ein Telefon. Die Wartezeit für einen Anschluß: zwei bis vier Jahre. Trotz einer drei Jahre alten Verordnung, Kriegsteilnehmer seien auch hier mit Vorrang zu bedienen, bekamen die Invaliden zweier Häuserblocks in Woronesch noch keinen Apparat. Sie hatten ihren Antrag vor 22 Jahren gestellt.

Die Sowjet-Post, Muster eines Staatsbetriebs, gibt dem Materialmangel die Schuld. 1980 sollten zum Beispiel 150000 Kilometer Kabel verlegt worden sein, vier Jahre später waren es erst 110000 Kilometer. Die Baubrigaden montierten binnen drei Jahren in der Sowjethauptstadt statt geplanter 21 nur 15 Relaisstationen. In Saratow bekamen im selben Zeitraum 15000 Bürger Telefon, der Plan hatte 45000 vorgesehen.

Deshalb beschloß jüngst das Zentralkomitee der KPdSU, die Kabelproduktion zu modernisieren und den Bau von Verteilerstationen zu beschleunigen. Wirtschaftsbehörden und Betriebe mit mehr als 50 Anschlüssen müssen sich eine eigene Vermittlung zulegen. Die Zahl der Anschlüsse bis zum Jahr 2000 soll sich verfünffachen. Bis dahin müssen viele Bürger zwecks Anruf weiter auf die Straße oder zum Bahnhof, für Ferngespräche zum Postamt.

Dort stehen Apparate, mit denen man die größeren Orte der Sowjetunion anwählen kann, von Moskau aus per Direktverbindung in 750 Städte und Siedlungen, manche voneinander fast so weit entfernt wie Hamburg von Kapstadt.

Eine Minute mit dem 6800 Kilometer entfernten Magadan kostet einen halben Stundenlohn, mehr als einen Bundesbürger ein Minuten-Gespräch von Hamburg nach Hawaii. Nicht immer klappt es. Nach offiziellen Daten braucht jeder Teilnehmer durchschnittlich zweieinhalb Versuche, bis er eine Fernverbindung bekommt.

Die Zahl scheint geschönt. Wenn die Leitungen zwischen den Millionenstädten Moskau und Leningrad überlastet sind, bleibt als Ausweg das Fräulein vom Amt: Wartezeit mitunter zwei Stunden. Moskauer, die per Direktwahl Baku erreichen wollen, hören die Stimme: »Rufen Sie die Telefonistin an«, die Nummer des Fernamts aber ist häufig besetzt – ganz wie in Deutschland – oder die Leitung tot, es meldet sich die Polizei oder ein anderer Teilnehmer, der verzweifelt »Allo, allo« ruft.

Generalsekretär ohne Nummer

Wer durchkommt, erfährt oft, daß er am falschen Pult gelandet ist: Statt wie im Telefonbuch angegeben 08, hätte er 813 wählen müssen. Viele Orte müssen ohnehin noch, trotz des Fernsprech-Satelliten »Sputnik«, handvermittelt werden – sogar einige Moskauer Vorstädte.

Und manche Leitungen sind, je nach Belastung, nur zu bestimmten Tageszeiten frei. Irkutsk in Ost-Sibirien ist erst nach 14 Uhr Moskauer Zeit an der Reihe, dann ist es dort bereits sieben Uhr abends, Betriebe und Büros sind geschlossen.

Aus Papiermangel gibt es Telefonbücher nur für Behörden, das letzte mit allen Moskauer Privatanschlüssen wurde vor über einem Jahrzehnt gedruckt. Erkundigt man sich in einem Auskunftsbüro nach einer Nummer ohne Kenntnis der Adresse, kann man aufgefordert werden, das Geburtsdatum des gewünschten Teilnehmers anzugeben.

Nur für öffentliche Anschlüsse existiert in der Hauptstadt der Sowjetunion ein Verzeichnis. Auf 700 Seiten sind Betriebe und Behörden, Schulen und staatliche Schneider zu finden. Die mächtigsten Organisationen des Landes haben immerhin eine Telefonzentrale: das Komitee für Staatssicherheit (2210762) und das Zentralkomitee der Partei (2062511).

Wer die Nummer von Generalsekretär Michail Gorbatschow herausfinden will, hat keine Chancen. Antwort der Vermittlung: »Solche Informationen geben wir nicht.«

Verändertes Umfeld

Die Moskauer Frauen sollen noch schöner werden

»Ich will den Bürgern Schönheit schenken«, sagt Wjatscheslaw Saizew. Der Couturier mit dem Bürstenhaarschnitt fühlt sich den Kollegen in Paris, New York und Mailand ebenbürtig.

Sein Moskauer Publikum ist hingerissen, wenn er die 15 Mannequins und Dressmen zu Pop-Rhythmen über den Laufsteg des »Hauses der Mode« am Mira-Prospekt schwingen läßt. Anderthalb Stunden dauert die Schau: pastellfarbene Sommerkleider, knapp überm Knie, dazu Strohhütchen und eine bunte Fliege oder Krawatte locker gebunden: Freizeitmode aus Nappaleder, schwarze Pullover mit breiten Schultern, durchbrochene Handschuhe nach Art westlicher Punker, schwarz-weiße T-Shirts für den Herrn am Strand, Wadenwärmer aus Wolle und ein zünftiges Stirnband – wie bei den Joggern am New Yorker Washington Square. Der Rock des kleinen Schwarzen ist keß geschlitzt, je nach Mut der Dame vorn an der Seite.

Zum rot-weißen Kostüm für festliche Anlässe kommt ein schwarzes Etwas aufs Haar; es erinnert an den Bojaren-Helm, der die Häupter russischer Ritter vor türkischen Tataren-Hieben schützen sollte.

»Farbenfrohe, fast exotische Mode, die in Mailand niemanden aufregen würde, aber in Moskau überraschend wirkt«, so kommentierte jüngst die »New York Times«, die Kollektionen des »roten Dior«, wie der Modemacher im Westen genannt wird. Saizew, der über 650 Mitarbeiter gebietet, darunter zwölf Designer, produziert alljährlich rund 400 Entwürfe. Wer im Salon des Modehauses nichts Passendes findet, kann sich bei einem »Künstler-Konsultanten« – Zuschlag zehn Rubel – etwas ganz für sich allein entwerfen lassen. Häufig berät der Chef persönlich.

Für die Masse der Sowjetbürger sind die Modelle allerdings nicht gemacht, schon wegen der Preise: 300 Rubel und mehr für ein Kostüm, das entspricht eineinhalb Monatsgehältern.

Aber ein wenig Bewegung soll in die sowjetische Modeszene, die einstweilen noch keine ist, nun kommen. Die Sowjet-Ideologie, wonach modische Kleidung bourgeois ist und der sowjetische Werktätige mit Monteurs-Overall oder Kittel vortrefflich gekleidet, ist bei der neuen sowjetischen Führung offenbar nicht mehr gefragt.

Zu dem sich anbahnenden Meinungsumschwung beigetragen hat sicher First Lady Raissa Gorbatschowa, die nach russischen Maßstäben als geradezu elegant gekleidet gelten muß, im Gegensatz zu manchen ihrer Vorgängerinnen, die das einfach Geblümte bevorzugten.

Raissa besucht Modeschauen in Moskau. Ihre Kostüme läßt sie sich im »Allunions-Haus der Modelle« schneidern, einem Modezentrum in der sowjetischen Hauptstadt, wo rund 60 Designer alljährlich festlegen, was draußen im Lande an Mode produziert wird.

»Gorbatschow hat die Türen geöffnet«

Nachdem Raissa Gorbatschowa im Herbst 1986 während des Staatsbesuches ihres Mannes in Paris eine Modenschau des Couturiers Pierre Cardin besucht hatte, schlossen die Sowjets einen Vertrag mit dem Franzosen. 92 Modelle pro Jahr wird Cardin künftig in die Sowjetunion liefern; die

Kleider werden nach seinen Schnitten in sowjetischen Fabriken gefertigt. Zudem ist geplant, im nächsten Jahr eine Cardin-Boutique im ehemaligen olympischen Dorf zu eröffnen.

Eine eigene Kollektion, in den Farben Rot und Beige, teilweise mit Fell besetzt, präsentierten Leningrader Designer. Zu der pompösen Schau wurden, als vorführende Gäste, auch westliche Modemacher eingeladen, darunter der Hamburger Pelz-Couturier Dieter Zoern. Und noch immer sind für die Moskauer Frauen die hochgeschlitzten Röcke der Rotchinesinnen ein Thema, die im Moskauer Sokolniki-Park gezeigt wurden.

Seit Anfang 1987 sollen Moskauer Kioske die westdeutsche Modezeitschrift *Burda* in russischer Sprache verkaufen. Bislang waren die Schnittmuster auf dem Schwarzmarkt gehandelt worden. Was im Westen im Trend liegt, kommt nun, in Heimarbeit gefertigt, nicht mehr mit monatelanger Verspätung auf die Straßen.

»Gorbatschow hat die Türen geöffnet für die schöpferischen Kräfte«, so umschreibt Saizew die neue Situation. Für die Sowjetbürger wäre die Entwicklung, falls sie anhält, geradezu revolutionär. Denn bisher produziert die Textilindustrie im ganzen Land beharrlich an den Bedürfnissen modebewußter Männer und Frauen vorbei.

Auf die Frage, ob die sowjetische Frau gut angezogen sei, zieht sich Modemacher Saizew diplomatisch aus der Affäre: »Sie ist bemüht, sich gut anzuziehen.« Gegen die sowjetische Planwirtschaft ist das nicht einfach. Selbst wenn die staatlichen Modedesigner mal was Flottes hinkriegen, dauert es mindestens zwei Jahre, bis es die Kleider zu kaufen gibt – nicht gerade der heißeste Modewechsel.

Da mögen sich die 60 »Allunions«-Künstler noch so sehr mühen – sie bestimmen Farben, Stoffe, Rocklänge –, die

Betriebe setzen nach aller Erfahrung nur selten die Designer-Vorgaben um. Planerfüllung geht vor Qualität. Schlechte Stoffe, mangelnde Verarbeitung, fehlende Knöpfe und Borten – oft hat die Stangenware mit dem Entwurf nur noch entfernt zu tun.

Saizew hat aus diesem Grund vor einigen Jahren seinen Job als Designer im Modellhaus aufgegeben. Es sei frustrierend gewesen, sagt er, daß seine Kleider niemals auf der Straße zu sehen waren. Eine Faustregel für modebewußte Moskauerinnen formuliert die Chefkünstlerin des »Allunions-Hauses«, Irina Andrejewna: »Niemandem gelingt es, sich in einem einzigen Geschäft anständig einzukleiden.«

Ponchos, Pumphosen und Schleier

Symptomatisch für den Zustand der Textilindustrie war die Einführung einer neuen Schuluniform für Mädchen vor zwei Jahren. Ein flottes blaues Blazer-Kostüm, wahlweise mit Rock oder Hose, sollte die altmodischen braunen Kleider mit den weißen Rüschenschürzen ablösen. Als der Termin nahte, gab es Tränen bei den Mädchen und Proteste bei den Eltern: Was da in die Läden gelangte, sah so miserabel aus, daß niemand es kaufen wollte.

Als Prototyp einer neuen Art sowjetischer Modeläden war das Moskauer Geschäft »Moda« gedacht, das die Bedürfnisse junger Leute nach schicker Kleidung befriedigen sollte. Tausende von Neugierigen standen stundenlang Schlange – und zogen zumeist enttäuscht wieder von dannen. »Ein gewöhnliches Geschäft«, schrieb ein Moskauer ins Beschwerdebuch. Ein anderer: »Hübsche Dekorationen, aber ich konnte nichts finden, was mir wirklich gefiel.«

Mit einer Art Leistungslohn will die sowjetische Führung nun die Textilindustrie auf Trab bringen. Ingenieure, Designer und Arbeiter erhalten nur noch dann Prämien, wenn sich die Produkte auch absetzen lassen. Das neue Prämien-System hat Modemacher Saizew in seinem Betrieb schon mit Erfolg erprobt.

Das veränderte Umfeld spürt auch eine Gruppe von Studenten und Absolventen des Instituts für Leichtindustrie. Seit einigen Jahren inszenieren die Ingenieur-Konstrukteure (Sowjet-Ausdruck für Designer) mit selbstgefertigten Modellen Modeschauen in Kulturhäusern und Theatern – ein schüchternes Sichaufbäumen gegen die festgefahrenen Mode-Strukturen des Staates.

Auf dem Programm der Nachwuchsdesigner stehen rote, an Ponchos erinnernde Mäntel, auch Pumphosen, weite Blusen, Röcke mit frechen Seitenschlitzen und Schleier im orientalischen Stil (als Alternative zum Kostüm westlicher Provenienz). Textilingenieurin Lena Tscheresowa, 27, die selbst Midiröcke bevorzugt: »Wir versuchen, Elemente von Volkstrachten zu übernehmen.«

Weniger landsmannschaftlich wirkt eine Herbstmütze für junge Frauen, die der ersten Soldatenmütze der Roten Armee nachempfunden ist, der legendären »Budjonowka«.

Verkaufen konnten die jungen Ingenieur-Konstrukteure, Schneider und Mannequins ihre Produkte nicht. Mit Unterstützung des wohlwollenden Instituts-Rektors verhandelt die Gruppe aber nun mit der Moskauer Textilfabrik »Tschaika« (Möwe) über Zusammenarbeit und Ankauf einiger Modelle, die dann in Serienproduktion gehen sollen.

Doch bislang waren die Bemühungen der jungen Designergarde mehr ideeller Natur. »Wir befaßten uns«, so umschrieb es Lena Tscheresowa, »lediglich mit ästhetischer Erziehung.« Die Sowjetbürger sollten, nach Jahrzehnten der Abstinenz, erst wieder lernen, was guter Geschmack ist.

Im Sandkasten

Moskauer Kinder spielen Krieg

Die Patrouille, sechs Knirpse hoch, verfolgt auf ihrem Territorium einen feindlichen Aufklärer. Alle sind bewaffnet, der Eindringling hält die Kalaschnikow in der Hand, auf seiner Mütze leuchtet ein roter Stern – so ist es auf dem Karton eines populären Brettspiels gedruckt, das derzeit Moskauer Kinderläden für 70 Kopeken verkaufen.

Wenn die »Jungarmisten« (Spielanleitung) den Eindringling umzingelt haben, sind sie Sieger. Kann der den Ring durchbrechen, hat er gewonnen. Der Hersteller nennt sein Werk ein »militärisch-sportliches Spiel«, Auflage: 100000.

Es geht kriegerisch zu in sowjetischen Kinderstuben und Sandkästen. Vom Maschinengewehr bis zum Kriegsschiff im Maßstab 1:325 für »Kinder von 7 bis 14 Jahren« ist alles vorhanden, was in Wirklichkeit Tod und Vernichtung bringt.

Sogar Modelle aus den Rüstkammern des »aggressiven Nato-Blocks« (Sowjet-Propaganda) waren bis vor kurzem im Angebot: Flugzeuge der Typen Thunderbold P-47, Jaguar oder Starfighter.

Sie sollten eine Lücke füllen. Denn sowjetische Modellflugzeuge, etwa die Antonow-25 oder Iljuschin-2, sind rar – es fehlt an modernen Produktionstechniken. Die seltenen Exemplare handeln Sammler auf dem schwarzen Markt.

Baupläne für die westlichen Mini-Bomber erstand die Moskauer Spielzeugfirma »Horizont« beim Feind in England. Gegnerisches Fluggerät, sei es auch noch so klein, in den Händen sowjetischer Jugendlicher mochte den Genossen freilich nicht gefallen. Das Organ der Parteijugend *Kosmomolskaja Prawda* griff den Fall jüngst mit einer Leserdiskussion auf.

Neben Gegnern des Nato-Spielzeugs kamen auch Befürworter zu Wort. Ohne Kenntnis ausländischer Flugzeuge, befand etwa Leser Snegowski, sei die Entwicklung in der Weltluftfahrt nicht zu beurteilen.

Die Obrigkeit folgte dem Argument nicht, die Firma Horizont stellte die Produktion der Nato-Flieger ein. Die Flugzeuge, verteidigte sich im nachhinein der stellvertretende Produktionschef Bogdanow, seien ohne westliche Abzeichen in die Geschäfte gekommen: »Ich glaube nicht, daß ein Kind ein englisches Flugzeug von einem sowjetischen unterscheiden könnte.«

Die Jungen Pioniere jagen den Feind

Mehr als eine Auseinandersetzung um *ausländisches* Kriegsspielzeug in sowjetischen Kinderhänden ist in der UdSSR nicht zu erwarten. Während sich im Westen zahlreiche Eltern und Politiker gegen militärische Ausstattung der Sprößlinge wehren, ficht es in der UdSSR niemanden an, wenn sich Jungen und Mädchen MG-Gefechte liefern, Bomber basteln oder Panzer rollen lassen.

Im Gegenteil: Die Erzieher sind entzückt von den lieben schießenden Kleinen, entsprechen sie doch den Idealen der sowjetischen Pädagogik. Kinder und Jugendliche, heißt es zum Beispiel in der Vorlage des Zentralkomitees zur jüngsten Schulreform, sollten zur »ständigen Bereitschaft« erzogen werden, das Vaterland mit der Waffe zu verteidigen.

Zudem verlangt das ZK von Eltern und Lehrern, den Nachwuchs auf den Dienst in den Streitkräften vorzubereiten und die »Liebe zur sowjetischen Armee« zu fördern. »Niveau und Effektivität« der Militär-Vorbereitung sollten erhöht werden.

So jagen Junge Pioniere bei alljährlichen Kriegsspielen den Feind, Waffe und Fahne in der Hand. Die Älteren lernen in der Schule, die Kalaschnikow zu handhaben, alles unter dem Motto »Erziehung zum Patriotismus«.

Verantwortlich für die Produktion von Spielzeug aller Art sind sogenannte Spiel-Räte in den Bildungsministerien der Sowjetrepubliken – ehedem vom Diktator Stalin ins Leben gerufen. Diese Gremien – Mitglieder sind Lehrer, Ärzte und Funktionäre – sollen pädagogischen Sinn, Sicherheit und künstlerische Gestaltung neuer Spiele prüfen.

An Kriegsspielzeug haben die Räte nichts auszusetzen, wenn auch, wie Lidija Gornostajewa aus dem Bildungsministerium der Russischen Föderation sagt, »wir es nicht besonders fördern«. Der Anteil an der gesamten Produktion sei mit drei Prozent ohnehin gering.

Die Zahl scheint untertrieben. Fest steht: Im Vergleich zu westlichen Kaufhäusern ist das Angebot für den Nachwuchs in der UdSSR mager. Laut Frau Gornostajewa fertigen Sowjet-Betriebe insgesamt 20000 verschiedene Spiele, in den USA sind es 100000 mehr.

Pädagogisch wertvolles Holzspielzeug ist selten, Baukästen sind nicht gerade reichhaltig ausgestattet. Dafür gibt es um so mehr billige Plastikware. Die Moskauer »Kinderwelt« offerierte dieser Tage lediglich rund 20 Brettspiele. Nach Plan sollten eigentlich 200 verschiedene Varianten in den Regalen liegen.

Dafür bietet man batteriebetriebene Panzer an, deren Rohre beim Feuern rot aufleuchten. Preis: fünf Rubel, ein Tageslohn. Billiger und primitiver sind Stalin-Orgeln und Flugabwehrgeschütze aus Plastik.

Die Filiale der »Kinderwelt« am Moskauer Kutusow-Prospekt hat ein noch breiteres Sortiment: Schießeisen aus Metall und für die Schlacht im Kindergarten eine MG-Lafette aus Kunststoff. Zudem führt sie Bausätze für verschiedene Panzertypen mit fachmännischer Erläuterung für die Kunden. Der Panzertyp IS-2, erfahren die Käufer zum Beispiel, schießt mit einer 122-Millimeter-Kanone und hat von 1944 an geholfen, »neue schwere faschistische Tanks« aus dem Lande zu vertreiben.

Auch für die ganz Kleinen, die noch nicht das Gewehr schultern können, ist gesorgt: Panzer, Raketen – Lafetten und Düsenbomber – als Buddelformen für den Sandkasten.

Auto ausgebuddelt

Wie sich ein Moskauer Kauz ein Vermögen erwarb

Jahrelang saß Kunstmaler Alexander Lomakow in einem Atelier des Automobilwerks »Sil«, malte Pläne auf Plakate oder beschrieb Tafeln mit Losungen wie: »Wir erfüllen die historischen Beschlüsse des XXVI. Parteitags der KPdSU mit Leben.«

Nebenher betrieb Lomakow ein Hobby, das sich im Westen nur Begüterte leisten: Lomakow sammelt alte Autos. Damit wurde der Moskauer, legt man westliche Marktpreise zugrunde, einer der reichsten Männer der UdSSR.

Er verfügt nach 20 Jahren Sammeleifer über elf Museumsstücke, allesamt westliche Fabrikate, darunter Citroën und Horch, Adler und Daimler-Benz.

Prunkstück der Kollektion Lomakows ist ein Vehikel, das Autofreaks so begehren wie Philatelisten die Blaue Mauritius: ein Mercedes 540 K aus dem Jahre 1936, von dem nur 444 Exemplare die Werkhalle in Stuttgart verließen. Einer der Käufer war damals der Nazi-Propagandaminister Josef Goebbels. Sammler zahlen für ein Exemplar des über 200 Stundenkilometer schnellen Vorkriegsrenners mit Kompressor 400000 Dollar.

Geld freilich ist für Lomakow kein Motiv – sagt er jedenfalls. Ihm und seinen Freunden im Moskauer Automobil-Klub komme es nur darauf an, »daß die Denkmäler der Technik erhalten bleiben«.

So nebenbei fallen aber schon ein paar Rubelchen ab.

Den Schatz Lomakows schätzt vor allem die östliche Filmindustrie: In Szenen aus vergangener Zeit sind seine Oldtimer häufig zu sehen, so in dem Sowjet-Klassiker *Genosse General*. Lohn für Lomakow: 80 Rubel (rund 240 Mark) je Drehtag, für die er in einer Fabrik zwei Wochen rackern müßte.

Zu seinem einträglichen Steckenpferd kam der Moskauer, als das Sil-Werk ihn 1959 dazu bestimmte, gemeinsam mit einer Handvoll Spezialisten den Rolls-Royce des Staatsgründers Wladimir Iljitsch Lenin zu restaurieren. Lomakow widmete sich mit Erfolg dem Armaturenbrett der revolutionären Karosse vom Typ »Silver Ghost« und restaurierte fortan in seiner Freizeit historischen Chrom und abgewrackte Chassis.

Im Stadtbezirk Krasnogwardejski fand der Bastler einen ungenutzten Platz, auf dem er einige Blechgaragen errichtete. Für mehr Muße zur Suche nach Fahrzeugen der Vergangenheit kündigte er bei Sil und nahm einen weniger zeitaufwendigen Posten als Kontrolleur an.

Fündig wurde er allenthalben in der Sowjetunion – mal am Schwarzen Meer, mal in Estland, wo er auf einen Mercedes stieß, der einst dem Parteichef der Republik, Nikolai Karatamm, gehörte.

Autoklubfreunde gaben ihm einen anderen Tip: Ein Sowjetbürger hatte einen österreichischen »Steyr-50« in einem Wald nahe Moskau vergraben. Für 20 Rubel buddelte Lomakow den Wagen wieder aus.

»Die Milizionäre grüßen mich freundlich«

Zu Dreharbeiten mit seinem alten Horch kam Lomakow in dcn Kaukasus. In der Stadt Suchumi sprachen ihn zwei junge Leute an. In einem Vorgarten verrotte ein ähnliches

Auto. Lomakow erwarb die Ruine für 107 Rubel: besagten Mercedes 540 K.

Derzeit renoviert Lomakow das Schnäppchen: »Einige Jahre werde ich wohl noch daran arbeiten müssen.« Wie der Wagen in die Sowjetunion gelangt ist, weiß Lomakow nicht. Auch die Provenienz der anderen Sammelstücke ist meist ungeklärt. Vermutlich wurden die meisten von deutschen Besatzern auf der Flucht zurückgelassen oder von sowjetischen Besatzern als Reparation beschlagnahmt. Den Horch 853, den früher Armeegeneral Gussakowski fuhr, fand Lomakow 1970 in einem Moskauer Kommissionsladen. Preis: 686 Rubel und 10 Kopeken.

Mittlerweile gilt der Sammler in der sonst nicht eben bunten Sowjet-Metropole als ein Original, das in den Moskauer Rayons in einem Opel-Lieferwagen mit Holzaufbau, anno 1928, herumkurvt. Lomakow: »Die Milizionäre grüßen mich freundlich.«

Der Rayon-Sowjet stellte ihm einen großen Keller zur Verfügung, wo er mit seinen Klubfreunden herumwerkeln kann. Doch als sein Garagenplatz für einen Neubau benötigt wurde, zeigte sich die Obrigkeit unerbittlich. Wenn er seine Werkstätte nicht selbst abreiße, so verfügten die Baubeamten, würden sie es tun – mit dem Bulldozer.

Monatelang kämpfte Lomakow vergebens um Ersatz. Doch in dem Land, in dem auch höchstgestellte Technik-Fans Luxuswagen sammeln – allerdings eher neueren Typs –, hatte der Antiquitäten-Liebhaber schließlich Glück: Das Organ der städtischen Jugendorganisation *Moskauer Komsomolze* und sogar die überregionale, konservative *Sowjetskaja Rossija* traten für ihn ein und wandten sich gegen »engstirnige Administratoren«.

Lomakow darf wahrscheinlich auf einer schmalen, ungenutzten Fläche neue Garagen errichten. Er träumt von einem kleinen Autosalon, denn das Polytechnische Museum in Moskau hat für die Exponate keinen Platz.

Irreparabel bleibt Lomakows Privatleben: Seine Frau hat ihn verlassen, weil er auch an Feiertagen nicht von Kühler und Kolben lassen konnte. Lomakow: »Ich bin halt ein Fanatiker.«

Flotter Strich

Moskaus Wunderheilerin lockt die Schickeria an

Der Satiriker Arkadij Raikin erzählt seine Krankengeschichte – in einem Videofilm.

Die Schmerzen in den Beinen, so der populäre Leningrader, seien unerträglich gewesen, die Ärzte ratlos – bis ihm Frau Jewgenija Dawitaschwili half, dem Sowjetvolk besser unter dem Kosenamen »Dschuna« bekannt: Schmerz und Schmach sind vorbei.

Dann tritt die 38jährige Meisterin selbst auf, fährt einem dunkelhaarigen Jungen mit einer gelben Spieluhr um den Kopf – Filmschnitt. Die Mutter des kleinen Patienten berichtet darauf, Tränen in den Augen, wie der von Geburt an Taubstumme nach der Behandlung plötzlich zu hören begann.

In dem Werbefilmchen, für Gäste und wartende Patienten gedacht, fehlt nur, daß Lahme gehen und Blinde sehen lernen: Vermutlich hat die sowjetische Wunderheilerin Nummer 1 auch diese Übungen im Repertoire.

Sie stammt aus dem Kaukasus und rechnet sich zur winzigen Völkerschaft der letzten überlebenden Assyrer. Ihr großes Ziel ist es, so erklärt sie Besuchern ihrer Praxis in der Moskauer Innenstadt, das menschliche Leben zu verlängern – durch Erwärmung des Blutes.

An diesem Problem arbeite sie derzeit »wissenschaftlich«, wie sie sagt. Bis zum Erfolg heilt sie mittels geheimnisvoller Energieübertragung Lungen- oder Gichtkranke. Dabei fährt sie mit ihren Händen in der Nähe der erkrankten

Leibesstelle herum; die Patienten beteuern zu spüren, wie ihr Puls sich beschleunigt und schmerzlindernde Wärme sie plötzlich durchströmt.

Botschafter, General und Patriarch im Wartezimmer

Ein Gast aus der Bundesrepublik mit Arthrose im Hüftgelenk fühlt sich nach jeder Sitzung besser, berichtete er – wie früher habe er wieder Fußball spielen können. Andere rühmen die diagnostischen Fähigkeiten der Wunderheilerin. Daß Dschuna während der Prozedur gelegentlich telefoniert oder sich eine Videokassette anschaut, mindert nicht im geringsten die Wirkung.

Es muß wohl etwas dran sein an den Heilkünsten der mystischen Medizinfrau, denn es klopfen Leute bei ihr an, denen gemeinhin starker Realitätssinn nachgesagt wird.

So soll auch Parteichef Leonid Breschnew unter Dschunas Kunden gewesen sein, Armeegeneral Jepischew wurde in ihrem Wartezimmer gesichtet, als er noch als Chefpolitruk der Sowjetstreitkräfte diente, ferner ein Klient, der wie der Patriarch der russisch-orthodoxen Kirche gekleidet war. Ganz sicher stehen eine Reihe sowjetischer Spitzenfunktionäre und Militärs sowie Diplomaten des Bonner Auswärtigen Amts samt ihren Familienangehörigen in der Kartei. Manch ein Klient kommt aus dem Ausland angereist. Der frühere deutsche Botschafter Hansjörg Kastl, Opfer eines schweren Verkehrsunfalls, gehörte dazu, ebenso wie sein Nachfolger, der ehemalige Bonner AA-Staatssekretär Andreas Meyer-Landrut. Der hatte es im Kreuz.

Für ihre Westpatienten hat Dschuna bei der sowjetischen Außenhandelsbank Konten eingerichtet, auf die Dollar, Schweizer Franken oder D-Mark eingezahlt werden können. Einer westdeutschen Botschaftsangestellten berechnete Dschuna 50 Mark pro Sitzung. Weniger betuchte sowjetische Patienten werden schon mal gratis behandelt, aber auch Sachwerte wie Ikonen oder seltene Briefmarken nimmt die gelernte Masseuse mit den magischen Händen notfalls als Honorar.

In letzter Zeit wendet sie ihre wundersamen Talente nicht nur in der Medizin an. Mit flottem Pinselstrich, angeleitet von dem Künstler Ilja Kleiner, malt sie, in Öl – vor allem weibliche Wesen mit ziemlich großen Augen, offenbar Selbstporträts.

Dschunas Anhänger, stets zahlreich um sie herum, finden jedes neue Werk der Wunderheilerin wunderbar. Von einem der letzten, Dschuna in Blau, gehe gar etwas »Magisches« aus, meint einer. Und um zu prüfen, ob es auch auf dem Bildschirm wirkt, richtete er eine westliche Videokamera auf Bild und Künstlerin.

»Ich, hörst du, warte auf dich«

Die Kunst hat es ihr nun angetan: Sie schreibt Liedertexte, Gedichte und Geschichten, auch in dem Film *Die Jugend eines Genies* spielte sie mit. Ihr Song vom *Planeten der Menschen* wurde sogar prämiert, renommierte sowjetische Literaturjournale wie *Oktober* und *Völkerfreundschaft* druckten ihre Erzählungen und poetischen Werke.

Darin ist oft von Träumen, außerirdischen Wesen und vom Fliegen die Rede. Leseprobe:

> Nacht, Neumond.
> Der Mond beherrscht den Himmel.
> Die Welt schläft und träumt.
> Nur ich – allein – schlafe nicht
> Und warte zwischen Finsternis und Sternen

Wann du, du vom Schicksal Versprochener,
Endlich antwortest auf den Ruf,
Ich, hörst du, warte auf dich.

Schließlich hebt – im Text – die Dichterin bei der Suche nach dem großen Unbekannten vom Erdboden ab und fliegt, »zum Licht deiner Seele, die unermüdlich lodert, ich fliege zum Licht«.

Das sowjetische Publikum ist hingerissen von den dichterischen und medizinischen Höhenflügen der Dschuna Dawitaschwili, die Moskauer Schickeria gibt sich bei ihr regelmäßig ein Stelldichein – kein Wunder, denn Geheimnisvolles hat die Russen stets angezogen.

In Provinzstädten haben selbst Dschuna-Imitationen großen Zulauf. »Ekstrasens« (russische Umgangssprache für PSI) ist allenthalben Gesprächsthema. Als die Gewerkschaftszeitung *Trud* jüngst meldete, Insassen einer Aeroflot-Linienmaschine hätten Ufos gesehen, geriet die gesamte Republik in Aufregung. Später mußte der verantwortliche Redakteur kündigen.

Die seriöse *Sowjetskaja kultura* ist gar so beeindruckt von Dschuna, daß sie ihr in einem Bericht den Rang eines »höheren wissenschaftlichen Mitarbeiters« eines Forschungsinstitutes der Akademie der Wissenschaften zuschrieb. Akademie-Sprecher Jewgenij Tabakow freilich dementiert, und sie selbst meint, sie sei mit ihrer »mittleren medizinischen Ausbildung« nebenbei nur Beraterin im »Prophylaktorium des Baumwoll-Kombinats« in Schtschol-kowo bei Moskau.

Ihren Gönnern unter den Genossen imponiert sie auch so. Mit ihrem zehnjährigen Sohn wohnt sie in einer 100 Quadratmeter großen, holzgetäfelten Wohnung im ehrwürdigen Arbat-Viertel, wo sie auch ihre Patienten empfängt – für sowjetische Verhältnisse ein Luxusappartement. Ihre weniger prominenten Masseusen-Kolleginnen müssen sich gemeinhin mit rund 80 Quadratmeter weniger Domizil begnügen.

Aber die vollbringen auch keine Wunder.

Regelmäßig beten und bescheiden sein

In Moskau leben noch Altgläubige – von der Regierung respektiert

Am Sonntag abend, kurz vor 17 Uhr, belebt sich die »Rogoschskoje-Siedlung«, ein kleiner Platz im Osten Moskaus. Ältere Frauen mit wollenen Kopftüchern gehen zu einer buntbemalten, überfüllten Kirche in der Nähe des Friedhofs.

Auf dem Weg verweilen sie kurz an einem zweiten Gotteshaus, wenige Meter daneben, bekreuzigen sich und eilen weiter: In dieser Kirche sammeln sich nur wenige Gläubige. Ein kleiner Chor singt pausenlos gegen die Leere an. Die Anwesenden knien auf kleinen Kissen vor sich oder verbeugen sich tief. Ein Kirchendiener in schwarzem Kaftan eilt während des Gottesdienstes hin und her, der Priester mit grauem Rauschebart schwenkt Weihrauch – wie in allen Kirchen Moskaus.

Doch in den beiden Andachtsstätten beten »Altgläubige«, eine von der Orthodoxie abgefallene Gruppe, untereinander auch noch gespalten in zwei Gemeinden und zwei Kirchlein – mit wiederum sechs verschiedenen Richtungen innerhalb der 6000 Gläubigen der Sowjet-Metropole.

Rund 450 Gemeinden gibt es in der UdSSR, insgesamt eine nur nach Tausenden zählende Schar neben den vielen Millionen, die sich zu den »Rechtgläubigen«, der Orthodoxie, bekennen – Abtrünnige in der Sicht der Altgläubigen.

Im 17. Jahrhundert hatte der Patriarch Nikon die religiösen Bräuche der Kirche modernisieren wollen, doch ein Teil des Kirchenvolkes zog nicht mit, sondern blieb dem alten Glauben treu – dafür mußten sie büßen. Nach dem Schisma wurden viele ihrer Priester gehängt, die Gemeindemitglieder beruflich benachteiligt. Der Zar versperrte ihnen den Zugang zu höheren Staatsämtern.

Der Fernseher ist eine Sünde

Die glaubensfesten sogenannten »Raskolniki«, die der Zahl nach zu einer kleinen Sekte absanken, gewöhnten sich an Verfolgungen und waren somit auch unter den Atheisten Lenins widerstandsfähiger als die offizielle Staatskirche, die nach vielen Leiden nur durch Anpassung überlebte.

Bei den Altgläubigen dürfen Männer sich nicht rasieren, Frauen keine Hosen tragen. Das Kopftuch, auf besondere Weise gebunden, müssen sie sogar in der eigenen Wohnung umbehalten. Für beide Geschlechter ist Rauchen verboten. Ebensowenig erlaubt ist der Gebrauch neumodischer Elektrizität, auch wenn mancher Sündige sich einen Fernsehapparat angeschafft hat.

Dafür dauern die Gottesdienste länger als bei der russisch-orthodoxen Glaubenskonkurrenz, und auch die Fastenzeiten, beteuern die altgläubigen Christen, hielten sie strenger ein. Die Devise des Gemeindeältesten von der Moskauer Pokrowskij-Kathedrale, Andrej Maslennikow: »Die Leute sollen regelmäßig beten und bescheiden sein.«

Solch strenge Moral gefällt den Regierenden heute. Sie genehmigten den Druck eines Kalenders mit liturgischen Texten der Altgläubigen, Auflage 7000. Die Altgläubigen erweisen sich als staatstreu. Sie stifteten für das geplante Denkmal zum Sieg 1945 rund 40000 Rubel – 20 Jahresdurchschnittslöhne.

»Wir werden nicht verfolgt«, sagt der Moskauer Erzpriester Alexander Berestnjow, ein Mann mit wallendem weißen Haar, der in einer Villa neben der Kirche residiert. Die Altgläubigen, so beteuern die Gottlosen von der Partei, seien selbst in den Zeiten geschont worden, als das System gegen andere Gottesleute rabiat vorging. »Sie zu verfolgen, hätte keinen Sinn gehabt«, sagt der zuständige Sachbearbeiter des Staatlichen Rates für religiöse Angelegenheiten, Wjatscheslaw Rodschebjakin, da die Frommen schon unter dem Zaren Bürger dritter Klasse waren.

Eine Robinsonade wider die Natur

Vielleicht haben sich die Sowjets auch eines prominenten Altgläubigen erinnert, der Anfang des Jahrhunderts die Bolschewiki im Untergrund finanziell unterstützte und Revolutionäre vor den zaristischen Häschern versteckte: der steinreiche Textil-Kaufmann Sawwa Morosow, dessen Grab auf dem Rogoschskoje-Friedhof zu besichtigen ist. Ein Gemälde seiner Glaubensschwester und Namens-Cousine Feodossija Morosow, vor ihrer Abfahrt in die sibirische Verbannung, hängt in der Moskauer Tretjakow-Galerie.

Neuerdings ist für jeden Sowjetbürger der Altglaube ein Begriff – seit die Sowjet-Presse über die altgläubige Familie Lykow berichtete, die sich in den dreißiger Jahren in die sibirische Wildnis zurückzog und dort eine Robinsonade wider die Natur bestand.

Nicht jeder Altgläubige bekennt sich öffentlich zu seiner Religion. Handwerker Wladimir Demodow verschwieg an seinem früheren Arbeitsplatz sein Bekenntnis, »um die Gespräche und Fragen zu vermeiden«.

Derzeit arbeitet Demidow als Chef-Mechaniker in der gemeindeeigenen Kerzenwerkstatt. Er benutzt mit seinen

Helfern keinen Elektromotor, keine Glühbirne erhellt ihm den Arbeitsplatz: Dies wäre ein Verstoß gegen Gottes Wort.

Die Kerzen (Kilopreis 20 Rubel, also drei Tageslöhne) sind neben der Kollekte die wichtigste Einnahmequelle der Kirche. Mit rund einer Million Rubel beziffert Priester Berestnjow die Einkünfte seiner Gemeinde. Er selbst erhält monatlich 400 Rubel – ungefähr der doppelte Durchschnittslohn eines Arbeiters, weniger als das Gehalt eines russisch-orthodoxen Amtsbruders seines Ranges.

Nicht mehr zum Schatz der Gemeinde gehören die Ikonen an den Wänden der Pokrowskij-Kirche. Sie zählen zu den schönsten und wertvollsten Rußlands. Nach der Revolution hat die Regierung sie in ihren Besitz genommen. Auch die Restaurierung der Bilder besorgt eine staatliche Organisation. Der beauftragte Künstler freilich ist, Zufall oder nicht, auch ein Altgläubiger.

Eine Finanzspritze haben die Altgläubigen verschmäht. Ein Plattenstudio wollte die alten Kirchenlieder aufnehmen, um sie der Nachwelt zu erhalten und dabei Toleranz gegenüber den Gläubigen zu demonstrieren. Doch die Gemeinde empfand die Mikrophone in der Kirche als Gotteslästerung, sie wollte ihre liturgischen Gesänge auch nicht für profane Zwecke entweihen.

So gibt sie ihre Melodien weiterhin ausschließlich direkt von Generation zu Generation weiter, gesungen nach einem jahrhundertealten Notensystem, das nur Eingeweihte entschlüsseln können.

Die Altgläubigen finden aneinander Genüge, die Sowjetumwelt schert sie kaum, sogar die Vertreter der verschiedenen Flügel haben miteinander selten Kontakt. Erzpriester Berestnjow besuchte erst nach Jahren seiner langen Amtszeit den Erzbischof Flawian, Hirt der hundertköpfigen

Gemeinde andersgläubiger Altgläubiger in der Kirche gleich nebenan.

Kontakte zur offiziellen orthodoxen Kirche bleiben ohnehin verpönt. Zwar nehmen ihr die Altgläubigen notgedrungen Bibel-Neudrucke ab, doch als das russisch-orthodoxe Kirchenoberhaupt, Patriarch Pimen, als Gast bei ihnen predigte, verließen die Gläubigen demonstrativ den Raum.

Informationen für Touristen

Was Besucher sehen und was sie lieber bleiben lassen sollen

Touristen werden von der sowjetischen Reiseorganisation »Intourist« betreut, die auch das Programm des Besuchers zusammenstellt. Gleichwohl gibt es vor allem bei mehrtägigen Aufenthalten in Moskau freie Stunden für die Erkundung des *anderen* Moskau. Zudem müssen nicht alle Programmpunkte wahrgenommen werden.

Die Metro

Gutes Beförderungsmittel ist die Moskauer Metro. Sie fährt von 6.30 Uhr bis ein Uhr morgens. Touristen, die nicht russisch sprechen, sollten sich nicht abschrecken lassen, die Metro zu benutzen. Die Einheimischen geben Ratsuchenden gern Auskunft. Viele sprechen deutsch oder englisch.

Metro-Fahrer brauchen ein Fünf-Kopeken-Stück, das sie an der Eingangssperre in einen Schlitz stecken müssen. Bevor die Münze eingeworfen wird, muß das rote Licht leuchten. An den Wänden hängen Wechselautomaten für Fünf-Kopeken-Stücke.

In den Stoßzeiten – morgens zwischen 7 und 8 Uhr und abends zwischen 17 und 19 Uhr – kann der Betrieb vor allem auf den Umsteige-Bahnhöfen beängstigend sein. Die Züge fahren dann alle 45 Sekunden ein. Verspätet sich einer, gerät die Menge gefährlich in Bewegung. Die

U-Bahn-Miliz versucht in diesen Fällen, die Menschenströme durch Bildung von Polizeiketten auseinanderzuhalten.

Kleine Kinder, Gebrechliche oder Menschen, die unter Platzangst leiden, sollten die Metro in dieser Zeit nicht benutzen.

Gleichwohl sollte eine Metro-Fahrt während eines Moskau-Aufenthalts nicht fehlen. Die Bahnsteige liegen tief in der Erde, da die Stationen als Bombenschutzkeller konzipiert sind. Lange Rolltreppen führen hinunter. In der Station »Kirowskaja« war während des Zweiten Weltkriegs zeitweise der Generalstab untergebracht – Stalin kam mit der Metro. In der Station »Majakowskaja« fanden in dieser Zeit oft in eisiger Kälte Konzerte statt.

Sehenswert sind die im kunstvollen sozialistischen Realismus ausgestatteten Bahnsteige der Stationen »Komsomolskaja« (Ringlinie) mit Deckenmosaiken, »Ploschad (Platz) Revoluzij« mit Statuen, »Ploschad Taganskaja« mit Wandreliefs und »Nowoslobodskaja« mit bunten Glasvitrinen.

Taxis

Freie Taxen sind an einem grünen Licht an der Frontscheibe zu erkennen. Allerdings: Die Fahrer haben keine Beförderungspflicht. Es ist in Moskau üblich, vor dem Einsteigen zu fragen, ob der Chauffeur das genannte Ziel akzeptiert.

Eilige sollten versuchen, das Ziel erst nach dem Einsteigen zu nennen. Erfolgversprechender, aber teurer, ist ein anderer Trick. Der Wartende muß zwei Finger zum V-Zeichen spreizen. Er signalisiert damit seine Bereitschaft, den doppelten Fahrpreis zu zahlen. Entsprechendes gilt bei drei in die Höhe gereckten Fingern.

Zuweilen nehmen Taxifahrer weitere Fahrgäste auf, die ein Ziel in derselben Richtung haben. Dann sollte jede

Gruppe nur die Hälfte des auf dem Taxameter angegebenen Preises zahlen.

Es kommt vor, daß Privat- oder Dienstwagen (meist schwarze Wolgas) Fahrgäste mitnehmen. Je nach Entfernung kostet die Tour drei bis fünf Rubel. Indes: Diese Transporte sind illegal. Bei einer Polizeikontrolle sollten Fahrgäste nicht zugeben, Geld bezahlt zu haben: Der Fahrer könnte Schwierigkeiten bekommen.

Individual-Reisende, sofern sie nicht mit dem eigenen Auto unterwegs sind, bekommen am Bahnhof oder Flughafen von Intourist einen Wagen mit Chauffeur zur Verfügung gestellt. Dieser Service klappt, vor allem in der Provinz, nicht immer. Es ist dann ratsam, auf eine Transfer-Möglichkeit ins Hotel durch »Intourist« zu warten. Wer sich selbständig machen will, muß damit rechnen, daß Taxifahrer versuchen, ihn auszunehmen.

Vor allem an den Moskauer Flughäfen »Wnukowo« und »Domodjedowo«, die weit vor der Stadt liegen, suchen Fahrer sich ihre Passagiere zusammen und handeln einen Preis aus, der weit höher ist als der offizielle. Die Taxiuhr läuft dann nur pro forma mit. Wer in eine solche Situation gerät, merke sich: Mehr als 15 Rubel sollte eine Fahrt ins Zentrum nicht kosten.

Sehenswertes im anderen Moskau

Der Tiermarkt

Der Moskauer Tiermarkt in der Großen Kalitnikowskaja-Straße ist in seiner Art einmalig in Europa. Auf einem großen Platz verkaufen Moskauer nahezu alles, was kreucht und fleucht – vom Guppil bis zur Bisamratte, vom Kaninchen bis zum mehrfach ausgezeichneten Rassehund.

Touristen können Tiere kaufen, die Ausfuhr ist erlaubt. Man sollte aber die Einfuhrbestimmungen des Heimatlandes kennen.

Öffnungszeiten des Tiermarktes: sonnabends und sonntags von 7 bis 16 Uhr.

Der Bildermarkt

Der Moskauer Bildermarkt, sonnabends und sonntags von zehn bis 18 Uhr im Ismailowo-Park, existiert offiziell seit dem Frühjahr 1987.

Die Preise sind nicht sehr hoch. Zu sehen sind vor allem Landschaften und Stadtansichten, aber auch Abstraktes, Religiöses und sogar Erotisches. Ebenfalls verkauft werden selbstgefertigte Brotkästen, russische Volkskunst, Fotografien des sowjetischen Jugendidols, Mimen und Sängers Wladimir Wyssotzki, Batiken, Schmuck (etwa aus Walroßzähnen) sowie Spielzeug, Nippes und Kitsch – ein wenig Flohmarkt, ein wenig Montmartre in Moskau.

Das Silberwäldchen

Das Silberwäldchen (Serebrannij Bor) am Ende der Tamanskaja-Straße im Westen der Stadt ist ein Naherholungsgebiet, in dem viele Moskauer Behörden, hohe Funktionäre und westliche Botschaften ihre Datschas haben. Das sind häufig romantische Holzbauten, die aussehen wie aus einem Tschechow-Stück. Das Wäldchen ist ein Flecken Rußland, wie man es sich gemeinhin vorstellt.

Ganz in der Nähe ist ein Moskwa-Strand, den im Sommer Tausende von Moskauern bevölkern – für Touristen Gelegenheit, das Freizeitverhalten der Hauptstädter zu studieren: Mächtige Matronen im Bikini planschen im Wasser,

Junge und Alte spielen Volleyball. Überall finden sich Menschen zu Schach-Gruppen zusammen.

Märkte

Die 36 Kolchosmärkte sind ein wichtiger Teil der hauptstädtischen Versorgung. Schon wegen der Verkäufer ist ein Besuch lohnend: dunkelhäutige Asiaten, alte russische Bäuerinnen mit Kopftuch. Besucher können von den angebotenen Waren probieren. Viele Verkäufer sind gegenüber Ausländern freundlich und freuen sich, wenn man eingelegten Knoblauch oder Kopfsalat, sei es auch nur mit Gesten, lobt.

Bahnhöfe

Die Fernbahnhöfe sind ein Stück altes Rußland in Moskau. Besonders empfehlenswert ist der Besuch des Kasaner Bahnhofs (Komsomolskij-Platz).

Hier fahren Züge Richtung Zentralasien. Ein buntes Völkergemisch ist zu sehen: Bäuerinnen schleppen schwere Säcke, Zigeunerinnen lagern in einer Ecke und stillen ihre Kinder, Usbeken und Kasachen schlafen auf Treppen, da es an Aufenthaltsräumen mangelt.

Gepäckträger, meist Tataren, bahnen sich laut rufend den Weg durch die Menge, Soldaten in Marschgepäck und flott aufgesetzten »Schiffchen« stehen nach Brötchen an. Wehrpflichtige, noch in Zivil, aber schon mit kurzgeschorenen Haaren, rücken in Kolonnen auf die Bahnsteige.

An den Kassen, besonders an Feiertagen, lange Schlangen, die Züge sind völlig ausgebucht, und es kommt zu heftigen Szenen auf dem Bahnsteig, wenn Schaffner Passagiere mit gültigen Billetts nicht mitfahren lassen wollen, weil der Waggon voll ist.

Die Verkaufsschalter sind unterteilt: für normales Publikum und für besonderes, etwa Teilnehmer an der Revolution, Veteranen des Bürgerkriegs und beider Weltkriege, Besitzer bestimmter Tapferkeitsorden, Helden der Arbeit sowie Träger des Lenin-Ordens. Abgeordnete dürfen sich in speziellen Salons mit weichen Sesseln und Extra-Toiletten zurückziehen – abgeschieden vom Volk.

Bevorzugt abgefertigt werden auch Reisende mit kleinen Kindern. Wer besonders dringend eine Fahrkarte braucht, versucht ein Baby für wenige Minuten »auszuleihen«.

Viele Moskauer ohne das begehrte Ticket probieren, den Schaffner zu bestechen. Meist findet sich nämlich immer noch ein Plätzchen im Wagen. Die Zugbegleiter machen zuweilen auch ihr eigenes Abteil gegen einen Obolus frei.

Auf den Bahnsteigen ist häufig eine weitere Szene zu beobachten: Bürger überreichen Schaffnern Tüten, Taschen und Pakete. Denn die Bahnbediensteten sind zugleich inoffizielle Postboten. Gegen eine kleine Summe nehmen sie in der Provinz nicht erhältliche Lebensmittel und Waren mit, die von Kontaktpersonen des Absenders nach Ankunft des Zuges abgeholt werden.

An der Wand der Bahnhöfe stehen kleine Auskunftsgeräte, die per Knopfdruck Fahrpreis und Fahrzeit anzeigen. Eine Tour Moskau–Samarkand (Sowjetrepublik Usbekistan) in einem Vierbettabteil kostet für Sowjets zum Beispiel 27 Rubel und dauert 76 Stunden.

Restaurants

Die meisten Gaststätten sind in den offiziellen Reiseführern angegeben. Interessanter sind diejenigen, in denen meist nur Einheimische verkehren:

Das Café in der Stoleschnikow-Gasse 6, die von der

Gorki-Straße am Denkmal des Fürsten Dolgoruki abzweigt. Es ist eine der wenigen hübschen Bars der Hauptstadt. Sie befindet sich an Stelle einer alten Druckerei.

Die Räume sind gemütlich, auf den Tischen brennen Kerzen, zuweilen singt eine Künstlerin im langen schwarzen Abendkleid zur Gitarre russische Liebeslieder.

Einzige verbliebene Reminiszenz an die Druckerei: In einem Raum ist die Wand mit alten, steinernen Druckplatten geschmückt. Für rund fünf Rubel gibt es hier ein »Komplett-Essen«: eine kleine Vorspeise mit rotem Kaviar und einem ukrainischen Fleischtopf.

Das Restaurant nimmt keine Vorbestellungen an. Möglicherweise gelingt es aber »Intourist« doch, einen Tisch zu bestellen. Wenn nicht, ist es ratsam, möglichst früh am Abend zu kommen und sich anzustellen. Wer mutig ist, kann sich ungeachtet der anderen Wartenden bis zum »Schweijzar«, dem Pförtner, durchdrängen und auf seinen »Ausländer-Bonus« spekulieren.

Das gleiche gilt für die Bar in der Werchnjaja-Radischewskaja-Straße 15, neben dem Taganka-Theater. Bei der Moskauer Jugend heißt das kleine Etablissement »Wyssotzki-Bar«. Das Jugend-Idol war bis zu seinem Tod 1980 auf der benachbarten Bühne aufgetreten. Sein Bild hängt gleich am Eingang. Besonders originell: Ein Hahn pickt unter den Tischen Krümel auf. Es wird zu westlicher Musik getanzt.

Gemütlich geht es im »Sinjaja Ptiza« (»Blauer Vogel«) zu, einer Keller-Bar in der Medwedjewa-Straße an der Abzweigung von der Tschechow-Straße. Hier verkehren vor allem Jugendliche. Der Clou: Mittwoch abends spielt eine sowjetische Jazz-Gruppe.

Als Treffpunkt für Moskauer Homosexuelle gelten die Cafés »Artistitscheskoje« in der »Durchfahrt des Künstler-

Theaters« (»Projesd chudoschestwennowo teatra«) und das »Sadko«-Café in der Puschkinskaja-Straße« 4/2. Da Homosexualität in der UdSSR nach wie vor strafbar ist, gibt es kaum Männer oder Frauen, die ihre Neigung nach außen hin zeigen.

Zur Gastronomie des anderen Moskau gehören auch die Imbißstuben, wo Bürger für wenig Geld im Stehen ihren Hunger stillen können. Einige dieser Schnell-Restaurants bieten »Blinny« an, flache Pfannkuchen oder Plinsen, die mit saurer Sahne oder Butter gegessen werden. Andere offerieren »Pelmeni«, mit Fleisch gefüllte Teigtaschen. »Blinny« und »Pelmeni« sind typische russische Vorspeisen.

Geschäfte

Bilder, Schmuck und Kunsthandwerk bieten die »Kunst-Salons« in der Dimitroff-Straße 54 am Oktober-Platz (schräg gegenüber der französischen Botschaft und der Metro-Station Oktjabrskaja Ploschad) und im Ukrainsky Boulevard 6 am Kutusow-Prospekt (gegenüber dem Hotel »Ukraina«) an. Der Besuch vermittelt einen guten Eindruck über das offizielle Kunstschaffen in Moskau, außerdem bietet sich die Möglichkeit, originelle Andenken zu kaufen.

Neben dem »Kunst-Salon« in der Dimitroff-Straße befindet sich ein Kommissions-Laden. Er offeriert von Bürgern angekaufte Antiquitäten: Samoware, Lampen, Geschirr, Schmuck, Kerzenhalter.

Alte Bücher, Graphiken und Stiche gibt es im Antiquariat in der Katschalowa-Straße (in der Nähe der Großen Auferstehungskirche und des *Tass*-Gebäudes).

Bei der Einreise sind Zoll-Erklärungen auszufüllen. Neben der Menge des Geldes muß auch Schmuck deklariert werden. Um Unannehmlichkeiten zu vermeiden, gilt die einfache Regel: Alle Wertsachen, die man wieder mitnehmen will, sollten auf der Zollerklärung vermerkt werden, auch Antiquitäten. Die Zollerklärung muß unbedingt bis zur Ausreise aufbewahrt werden. Reisende sollten bei der Ankunft darauf achten, daß der Zollbeamte die Deklaration abstempelt (in der Hektik wird dies zuweilen vergessen).

Auf dem Moskauer Flughafen Scheremetjewo gelangt der Reisende nach dem Verlassen der Maschine zunächst an die Paßkontrolle. Die Beamten der Grenz-Truppen – sie gehören zum Komitee für Staatssicherheit (KGB) – sind an den grünen Schulterstücken zu erkennen. Die Überprüfung von Ausweis und Visum dauert oft sehr lange. Der Tourist sollte dadurch nicht nervös werden – sein Gepäck ist in aller Regel ohnhin noch nicht ausgeladen.

Letzte Barriere ist der Zoll, dem ebenfalls Paß, Visum und die Zollerklärung zu zeigen ist. Das Gepäck wird durchleuchtet. Zeitungen und Zeitschriften sowie Literatur dürfen mitgebracht werden. Touristen sollten sich nicht durch gegenteilige Aussagen von der Besatzung westlicher Fluggesellschaften irritieren lassen. Allerdings dürfen weder pornographische Schriften (dazu zählt schon der *Playboy*) noch sogenanntes »antisowjetisches Material« eingeführt werden. Autoren wie Alexander Solschenizyn oder Lew Kopelew sollten sich also nicht im Gepäck befinden, ebenso nicht mehr als eine Bibel pro Person.

Die Einfuhr von Videokassetten – etwa als Geschenk an russische Freunde – ist unter denselben Bedingungen erlaubt. Es kann allerdings passieren, daß der Zoll die Bänder gleich vor Ort überprüft, was zu längeren Wartezeiten führt.

Rubel dürfen nicht eingeführt werden. Es ist abzuraten, schwarz zu tauschen, da die Polizei zuweilen Lockvögel einsetzt, um Händler zu überführen. Bei der Ausreise können Rubel gegen Vorlage der Zollerklärung und der Umtausch-Quittung zurückgewechselt werden.

Nicht ausgeführt werden dürfen auch Waren aus Antiquariaten und Kommissions-Läden: Antiquitäten, Kunstwerke wie Gemälde, alte Bücher (nicht älter als 1966).

Touristen, die in einem der »Kunst-Salons« zeitgenössische Bilder oder Kunstgegenstände erwerben, sollten auf jeden Fall die Quittungen zur Vorlage beim Zoll behalten. Das gleiche gilt für Musikinstrumente.

Waren, die in den Ausländer-Läden »Berioska« (Birkchen) gegen Devisen gekauft wurden, sind zur Ausfuhr frei.

Touristen sollten sich nicht weiter als 40 Kilometer vom Moskauer Zentrum entfernen, da dort ihr Visum nicht mehr gilt. Zudem sind viele Gebiete in der Umgebung Moskaus für Ausländer gesperrt. Wird man dort von einer Polizeistreife angetroffen, kann es erheblichen Ärger geben. Es ist verboten, bei Bekannten ohne polizeiliche Anmeldung zu übernachten.

Militäranlagen, Bahnhöfe und Brücken dürfen nicht fotografiert werden. Abzuraten ist auch vom Fotografieren der KGB-Gebäude. Schwierigkeiten kann es auch geben, wenn Unglücksfälle – wie beispielsweise im Verkehr – aufgenommen werden. Die Sowjets reagieren auch empfindlich, wenn Touristen Käuferschlangen oder Betrunkene aufnehmen. Es ist deshalb ratsam, in Zweifelsfällen vorher zu fragen. Die sanitären Anlagen der Hauptstadt außerhalb der »Intourist«-Hotels entsprechen selten den westlichen Vorstellungen von Hygiene. Außerdem fehlen in öffentlichen Bedürfnisanstalten häufig die Türen zum Klo. Touristen sollten von dem Grundsatz ausgehen: »Es ist immer noch ein bißchen schlimmer als erwartet.«

Theater- und Konzertkarten besorgt in der Regel »Intourist«. Ist die Organisation nicht in der Lage, individuelle Wünsche zu erfüllen, sollten es Besucher auf eigene Faust versuchen. Meist sind Karten ausverkauft – kein Grund aufzugeben. Im Konservatorium (Herzenstraße 13) zum Beispiel sollten sich Touristen in diesem Falle an den Verwalter (russisch: Administrator) wenden, der sein Büro in der Eingangshalle hat. Er verfügt meist noch über Karten, die er vermutlich herausgibt, wenn der Besucher sein großes Interesse deutlich macht und erklärt, es gebe für ihn sonst keine Möglichkeit mehr, ein Konzert zu hören. Die Sprachbarriere ist in der Regel zu überwinden, da sich oft ein Moskauer findet, der das Anliegen übersetzen kann.

Joseph Wulf

Presse und Funk
im Dritten Reich
Ullstein Buch 33028

Literatur und
Dichtung
im Dritten Reich
Ullstein Buch 33029

Die bildenden Künste
im Dritten Reich
Ullstein Buch 33030

Theater und Film
im Dritten Reich
Ullstein Buch 33031

Musik
im Dritten Reich
Ullstein Buch 33032

Zeitgeschichte

Gideon Rafael

Der umkämpfte Frieden

Die Außenpolitik Israels von Ben Gurion bis Begin

Deutsche Erstausgabe

Ullstein Buch 33043

Zeitgeschichte

Die authentische Darstellung von mehr als vierzig Jahren israelischer Außenpolitik. Gideon Rafael, geboren 1913 in Berlin, emigrierte 1934 nach Palästina. Bei der Gründung des Staates Israel gehörte er zu den Männern der ersten Stunde im neugebildeten Außenministerium, im diplomatischen Dienst bekleidete er später hohe Positionen.